Franz Weber

Europa – wohin?

Politik, Gesellschaft und Spiritualität

Herausgeber: Perceval-Institut für Kosmologie und christliche Hermetik

Herstellung und Verlag:
BoD – Books on Demand, Norderstedt

ISBN 978-3-7357-2437-3

Gewidmet:
Für ein Europa des freien Geistes,
des Friedens und der sozialen Gerechtigkeit

Politik, Gesellschaft und Spiritualität
Auf der Suche nach einem Europa des Friedens, der Freiheit und der Gerechtigkeit

Inhaltsverzeichnis:

Seite:

4   Vorwort

6   Europa – wohin?

11   Die Aufgabe Europas

14   Soziale Problematiken

21   Vom Technikwahn und unseren Zivilisationskrankheiten

26   Krieg und Frieden

32   Seelisch-geistige Ursachen von Krieg und Gewalt

38   Vom Speer des Schicksals

43   Von der spirituellen Signatur Europas

52   Wendezeit

58   Spiritualität, Politik und Wirtschaftsfragen

64   Für ein Europa des freien Geistes

71   Europa und der Gral

81   Ein Nachwort

85   Anhang

88   Literaturverzeichnis

Vorwort

Zahlreich sind die Probleme, Hindernisse und Aufgaben, die Europa noch zu bewältigen hat. Die anfängliche Begeisterung für ein vereintes Europa, wie sie die Gründerväter noch antrieb, scheint immer mehr zu verblassen. Man ist meist nur noch damit beschäftigt, Schwierigkeiten lösen zu können. Über neue Beitritte von Ländern im Osten kann sich kaum jemand mehr freuen; es überwiegt die Skepsis und die Angst vor noch mehr Problemen.

Diese sind vor allem die Diskrepanzen zwischen armen und reichen Ländern, aber auch das wachsende Ungleichgewicht von Arm und Reich in den „reichen" Staaten. Die Flüchtlingsproblematik wird auch nicht kleiner werden, da für viele Menschen aus armen und instabilen Regionen der Erde Europa wie ein irdisches Paradies erscheinen mag. Zudem steuern wir immer stärker ökologischen und wahrscheinlich auch sozialen Katastrophen entgegen.

Die Arbeitslosigkeit und damit die wachsende Verarmung in vielen Ländern ist ein weiteres Thema, aber auch die vermehrte Gegnerschaft eines vereinten Europas innerhalb der europäischen Bevölkerung, die am liebsten in die alten und „sicheren" Nationalstaatenordnungen zurückkehren wollen.

Natürlich kann ein aufgeblähter bürokratischer Zentralismus, wie er von Brüssel ausgeht, für reichlich Unbehagen sorgen. Demokratische Werte, in denen die Bürger entscheiden sollen, werden, auch durch die Einflussnahme seitens der Großkonzerne und diverser Lobbyisten, immer stärker negiert. Ein Europa der politischen und wirtschaftlichen „Eliten" kann nicht wirklich zu einem vereinten Europa führen, denn dies ist nur mit der Zustimmung der Bürger möglich, die darin einen Sinn und ein Ziel erkennen müssen. Dieses Ziel kann aber nur durch geistige und humanistische Werte erreicht werden, wie dem Frieden, der Freiheit und der Gerechtigkeit.

Nur wenn soziale Gerechtigkeit herrscht, kann es zu Wohlstand für alle gereichen; nur wenn individuelle Freiheit gewährt ist, kann es zum Erblühen kultureller Werte in einer Gemeinschaft gereichen, die sich aus vielfältigen Bewegungen und Strömungen zusammensetzt, wie den verschiedenen Religionen, politischen Bündnissen und kulturellen Vielheiten. Und der Friede, ja, dies war das vordergründige Ziel des Gründungsimpulses nach dem zweiten Weltkrieg. Mit dem Balkankrieg oder auch mit Separatisten-Bewegungen in Nord-Spanien oder Nord-Irland zeigt sich aber, dass der Friede keine Selbstverständlichkeit ist. Auch wenn sich die Kriegsschauplätze immer mehr in außereuropäische Staaten verlagern, geht uns das Thema weiterhin etwas an.

Einige der hier dargelegten Artikel sind dann auch während des Balkankrieges entstanden. Ich veröffentliche sie hier, weil die Thematik immer noch brisant ist, da es letztlich um grundsätzliche Einstellungen geht, die über bestimmte Zeitereignisse hinausreichen. Einige Artikel sind neu, da neuere Begebenheiten, wie die Angriffe aus der Finanzwelt, auf Schwachstellen in Europa hinweisen beziehungsweise die Finanzkrise im Ganzen, neue Denkweisen, neue Einstellungen im Umgang mit Geld und materiellen Werten herausfordern. Und dies nicht nur auf politischem oder wirtschaftlichen Felde. Denn letztlich werden vor allem geistige Werte, Fähigkeiten und Eigenschaften benötigt, die den zahlreichen Attacken auf wirtschaftlichem, politischem und sozialem Felde etwas Ebenbürtiges entgegen-setzen können. Diese Werte kommen aber vor allem aus einem spirituellen Geist heraus. Diesem einenden Geist Europas sollen wir uns folglich nähern können. Daraus können wir Kräfte und Impulse empfangen, um die anstehenden Aufgaben lösen zu können. Dazu wollen die nachfolgenden Gedanken eine Hilfe anbieten.

Ich bin mir dabei durchaus bewusst, dass dieser Versuch nur ein recht bescheidener Ansatz sein kann, da die praktische Ausarbeitung beziehungsweise deren Umsetzung die größten Hürden darstellen. Doch ohne geistige Erkenntnisse und Impulse, nur allein auf pathetische „Sonntagsreden" oder ein auf bestimmten persönlichen und wirtschaftlichen Vorteilen aufgebautes Europa, wird dieses nicht in einer gesunden Weise gelingen können.

Da müssen schon tiefere Beweggründe hinzukommen, die einer menschheitlichen Notwendigkeit entspringen, die also spirituell-geistige Wurzeln haben. Diese etwas aufzuzeigen, sei vor allem auch der Sinn dieser vorliegenden Schrift.

Franz Weber im Januar 2014

Als **Motto** dieser Arbeit habe ich ein Gedicht von Friedrich Schiller aus-
gewählt mit dem Titel: Deutschlands Größe. Ich habe es so abgeändert, dass es
für Europa gelten kann.

Europas Größe

Dies ist nicht Europas Größe, obzusiegen mit dem „Schwert" -
in das Geisterreich zu dringen, Vorurteile zu bezwingen,
menschheitlich mit dem Wahn zu ringen, das ist seines Eifers wert.
Höhern Sieg hat der errungen, der der Wahrheit Blitz geschwungen,
der die Geister selbst befreit.
Freiheit der Vernunft erfechten, heißt für alle Völker rechten,
gilt für alle ewige Zeit.
Stürzte auch in Kriegesflammen, Europas politisches Reich zusammen,
Europas Größe bleibt bestehn.
Europas neuer Tag wird scheinen, wenn sich viele Völker vereinen
in der Menschheit schönes Bild.

Europa – wohin?

In heutiger Zeit wird immer wieder von einer weltweiten Finanz- und Wirt-
schaftskrise gesprochen, unter der dann zwangsweise auch Europa leiden muss.
Bei genauerer Betrachtung zeigt sich aber, dass die eigentliche Ursache dieser
Krise im Finanzsektor selbst zu finden ist. Die Wirtschaft wird dabei mit
hineingezogen, denn sie ist auf Kredite der Banken angewiesen. Und diese
scheinen mehr Gefallen am Spekulieren mit Geldbeträgen gefunden zu haben,
als dass sie ihrer eigentlichen Aufgabe nachkommen, eben dem Regulieren beziehungsweise dem Vermitteln von Geld, nämlich dorthin, wo es sinnstiftend
gebraucht wird.
Schaut man die Staaten und Gesellschaften in der Eurozone vorurteilsfrei an, so
kann im Weiteren bemerkt werden, dass wir inzwischen in einem System leben,
in dem die Finanzwelt die Wirtschaft mehr und mehr beherrscht. Die Wirtschaft
wiederum und da vor allem die Großkonzerne schreiben im Weiteren mit der
Drohung von Massen-Entlassungen oder Auswanderungsbestrebungen vor, was
die Politik, was die Regierungen zu tun haben. Und die Regierungen wiederum
regeln das Rechts- sowie leider auch das Kultur- und Geistesleben immer

gravierender, zum Beispiel in der Schul- und Hochschulpolitik oder in der allgemeinen Kunstförderung. Somit dienen wir in letzter Konsequenz alle schon dem „Geld regiert die Welt", so wie dieser Spruch auch schon recht lange im Unbewussten der Menschen herumgeistert. Der Mammon, die Finanzwelt, sei es durch Großbanken wie Goldman Sachs oder die Deutsche Bank, seien es die Fonds oder Hedge Fonds, da wo das Geld hinfließt, das bestimmen schon lange nicht mehr die Politiker, geschweige denn das Volk.

In diesem System beziehungsweise durch dieses System wird mit der Zeit jedoch alles kulturelle und politische Leben zu einer Farce. Das freie Kultur- und Geistesleben soll ja zuallererst die verschiedensten Fähigkeiten der Menschen ausbilden können. Denn diese sind unser eigentliches Kapital, so wie dies schon Joseph Beuys ausdrückte. Aus dem Kulturleben sollen dann auch die Ideen herkommen können für eine gesunde Politik beziehungsweise für ein System, das allen Menschen dient und nicht nur ein paar Reichen und Mächtigen. Somit müsste die Politik das gesellschaftliche Leben so regeln können, dass sie Rahmenbedingungen schafft für das Kultur- sowie für das Wirtschaftsleben. Und sie müsste die Finanzwelt so ordnen und regeln können, damit diese allen drei Bereichen der Gesellschaft, dem Geistes-, dem Rechts- und dem Wirtschaftsleben dienen kann. Die eigentliche Aufgabe der Politik ist die Gestaltung eines Rechtslebens, damit alle Bürger einem Gemeinwohl beitragen können.

In der sozialen Dreigliederung einer Gesellschaft gehört folglich das Freiheitsprinzip in das Kultur- und Geistesleben hinein, die Gleichheit in das Rechtsleben, damit jeder vor dem Gesetz gleichgestellt ist und die Brüderlichkeit beziehungsweise die Solidarität in das Wirtschaftsleben, wo es vor allem um die Bedürfnisbefriedigung der Menschen gehen soll. Da gehört gerade kein Wettbewerb und kein Konkurrenzdenken hin, so wie dies heutzutage vorherrscht und dies leider immer mehr auf Kosten der Arbeitenden und der Ressourcen unserer Erde.

Viele Menschen bezweifeln heute eine positive Zukunft Europas und der Welt. Einige rechnen schon mit schlimmen Katastrophen und Zusammenbrüchen. Viele Probleme häufen sich denn auch zu stark an. Das wirtschaftliche Nord-Süd Gefälle oder die Flüchtlingsströme aus armen Ländern sind nur zu lösen, wenn eine Solidarität entwickelt wird, in dem die Reichen die Armen unterstützen. Heute werden meistens noch die ärmeren Südländer Europas mit den Flüchtlingsproblemen ziemlich alleine gelassen. Der Norden ist weniger davon betroffen und so werden diese Probleme noch gerne weggeschoben. Doch Spaltungen können nicht zu einer Einheit und Einigung hinführen. Da braucht es schon noch einen anderen Geist.

Mit einer gescheiten Intellektualität, wie sie von vielen Intellektuellen referiert wird, kommt bisher auch nur ein Reparieren und Flickschustern zustande. Der Intellekt analysiert, kombiniert und schafft Wissen an. Dies allein reicht aber nicht aus, um die Probleme meistern zu können. Da gehört auch noch eine „Portion" Weisheit hinzu.

Werden die vielfältigen Probleme, die Jugendarbeitslosigkeit, die Finanzkrise, die Schuldenfalle, das Arm-Reich Gefälle, der Klimawandel, die Überfremdung und die Flüchtlingsströme nicht in einem humanen Geist gelöst, werden sich mit der Zeit in den Völkern Europas nationalistische Kräfte, die sich an die Ängste der Menschen wenden und diese für ihre Belange ausnutzen, vermehren und vielleicht auch durchsetzen können.

Die Anfangs-Ideale der Europäischen Vereinigung schwinden zusehends dahin, auch weil man manchmal allzu naiv an die Aufgaben heranging, wie zum Beispiel bei der Euro-Einführung und der zu schnellen Ost-Erweiterung. Eine Einigung braucht Zeit und sie muss einem Urbild folgen können, sie muss also eine geistige Ausrichtung bekommen. Ein Europa kann man nicht bauen, schon gar nicht in der Art des Turmbaus zu Babel; es muss viel eher organisch wachsen können. Es muss also gepflegt und gehütet werden, zumindest anfangs, damit es gedeihen und stark werden kann.

Sicherlich wollten sich beim Entwurf Europas viele Politiker darin profilieren, sich einen Namen in der Geschichte aufbauen, dies zweifellos mit guten Vorsätzen und dem Ideal des Friedens und des Wohlstands für alle. Doch wie die Verträge dann gemacht wurden für ein politisches und wirtschaftliches Europa, ist darin leider recht wenig demokratischer Wille zu erkennen, dagegen ist jedoch vermehrt ein neoliberaler Wirtschaftsgeist und eine elitäre Politikergemeinschaft entstanden. So nimmt es kein Wunder, wenn sich immer mehr Menschen von diesem Geist Europas zurückziehen und auf den kleinen, überschaubaren Nationalstaat hoffen.

Doch der Geist Europas, er ist da, auch in einem guten Sinne. Er will erkannt werden. Dazu kann uns auch die Ur-Idee, der Name Europa aus der antiken Mythologie weiterhelfen.

Der Name der Göttin Europa bedeutet: „die mit den weiten Augen" oder „die mit dem breiten Gesicht". Dies weist auf Mondenkräfte hin. Sie sind ein Zeichen und ein Symbol für die weiblichen Weisheits- und Gemeinschaftskräfte.

Die Geschichte, die von ihr erzählt wird, nimmt in Phönizien, einem östlichen, lichthaften Land ihren Anfang. Es ist eine Liebesgeschichte zwischen dem Zeus, dem Göttervater und der schönen Europa, die sich im weiteren in Kreta abspielte.

Zeus erblickte Europa, als sie am Gestade des Meeres Blumen pflückte. Er näherte sich ihr in Gestalt eines Stieres und entführte sie. Es muss also ein besonderer Zauber von ihm ausgegangen sein, denn Europa setzte sich willig auf den Stier und ließ sich über das Meer nach Kreta tragen. Dort heirateten sie und vereinigten sich, nachdem er wieder seine sonnenhafte Gottgestalt angenommen hatte. Sie gebaren drei Söhne, einer davon war Minos, der ein weiser irdischer König und Gesetzgeber Kretas wurde.

Auffallend bei der Geschichte ist die Gestalt des Stieres, die auch in vielen anderen Geschichten immer wieder erscheint und eine tiefere Bedeutung hat. In manchen Ländern wie in Spanien wurde lange Zeit versucht, die Stierkraft in Arenen zu beherrschen und zu besiegen, in dem man diese Tiere bekämpfte. Stierkräfte stehen für Potenz, Kraft und Triebhaftigkeit. Diese sollen uns natürlich nicht beherrschen. Die Göttin Europa reitet darauf. Sie ist eine anmutige weibliche Gestalt, die das stierhafte, männliche Element besänftigen kann. Durch Kampf können diese Kräfte nicht wirklich besiegt werden, wie dies Spanien aufzeigt, das heute noch stark unter der Gewalt der Finanzmächte zu leiden hat.

Astrologisch weisen die Stierkräfte im Tierkreis nämlich auf Besitz, Vermögen und Geld hin, aber auch auf Ausdauer und Beharrlichkeit und einen natürlichen Umgang mit dem Leben selbst. Nicht zufällig steht vor der Börse in Frankfurt ein Stier. Ist der aber schon besänftigt von Europa oder gebärt er sich noch in einer unbewussten und triebhaften Form? Trägt er Europa schon über das Meer zu sanften Ufern? Ist das Geld also schon im Dienst der Europäischen Vereinigung?

Durch Finanzspekulanten ist da eher noch ein Angriff auf einzelne, meist schwächere Staaten in Europa zu erkennen. Mit üblen Geldgeschäften soll versucht werden, manche Regierungen erpressen zu können, damit diese ihr Volk und ihre Besitztümer ausbeuten, sprich privatisieren können. Das Wort privare bedeutet ausbeuten, rauben.

Fazit: Der Geist Europas ist heute mehr denn je sehr umkämpft. Europa reitet noch lange nicht auf dem Stier. Eher bedrängt und vergewaltigt der Stier Europa noch.

Wie muss Europa sich folglich wandeln, damit der Stier sie nicht mehr angreift, sondern sie zu lieben und zu tragen beginnt?

Das anmutige Bild der schönen Frau, die am Strande Blumen pflückt, kann hier vielleicht weiterhelfen. Wo sind diese weiblichen Kräfte des Anmutigen und Natürlichen in Europa heute? In einer von Männern dominierten, auf Leistung, Wettbewerb und Erfolg getrimmten Gesellschaft sicherlich nicht. Als weibliche Göttin weist Europa in das Kultur- und Geistesleben hinein. Dieses soll sich frei entwickeln können, das heißt aber auch, dass es nicht mehr am „Tropf" von Staat und Wirtschaft hängen soll.

Europa hat weite Augen, sie hat also einen weiten, allumfassenden Blick und ein breites Gesicht, das alles annehmen und aufnehmen kann. Die Kultur Europas ist daher entscheidend und muss folglich gestärkt und befreit werden. Nicht das Geld und die Finanzwelt, das „Geld regiert die Welt" soll unsere Gesellschaft beherrschen und bestimmen, sondern die Kultur, die auf dem Finanz- und Wirtschaftssektor reitet.

Dies kann als ein Bild gesehen werden, als ein Ideal, dem wir entgegenstreben dürfen. Eine echte Vereinigung, eine Hochzeit will sich ereignen von Kulturen, von Religionen, von kultureller Entwicklung und individuellen Fähigkeiten, also von individueller Freiheit mit den irdischen Notwendigkeiten und Aufgaben. Das Irdische, also auch der Bereich des Wirtschaftslebens und damit auch der schaffende männliche Geist, er soll das Geistige, die Kunst, die Wissenschaft und die Religion tragen und stützen, nicht mehr darüber herrschen, dann gereicht das Ganze zum Heil.

Die Vision eines zukünftigen Europas kann also weit über das hinausgehen, als es heute schon verwirklicht ist. Dabei wird der Umgang mit dem Geld und dem Besitz, dem Grund und Boden, eine zentrale Rolle spielen. Eine gemeinsame Währung, die heute wieder von vielen bezweifelt wird, ist keine schlechte Idee, wenn sie richtig umgesetzt ist. Wir müssen dafür aber ein neues Geldsystem kreieren, das nicht nur den Reichen dient, sondern das zur Befriedigung der Bedürfnisse aller Menschen gereichen kann. Die Abschaffung des Zinseszins, der Börsenspekulation und das „alternde" Geld sind dafür notwendige Maßnahmen.

Solche Gedanken mögen heute noch vielen fremd sein, aber ohne soziale Erneuerungen werden gravierende Folgen für das gesellschaftliche Leben auftreten, die mit der Zeit keine anderen Möglichkeiten zulassen werden. Je früher wir mit einem Bewusstseinswandel beginnen, um so besser wird es für uns, denn um so gnädiger wird uns das Schicksal sein können.

Ein gemeinsames Europa ist eine Aufgabe, ist eine Mission, die wir nicht zu leicht und aus Gründen persönlicher Gier und Vorteilsnahmen aufs Spiel setzen sollten. Die Resultate daraus wären nämlich allzu schrecklich. Europa hatte im letzten Jahr-hundert schon zweimal gewaltige Niedergänge zu durchleiden. Eine dritte Niederlage, eine soziale Katastrophe, ein Krieg um Geld, Besitz und wirtschaftliche Ressourcen, könnte die Menschlichkeit, könnte das Humane noch ärger beeinträchtigen, als dies Europa in früherer Zeit schon erleben musste.

Die Aufgabe Europas

Die Europäische Vereinigung können wir als Aufgabe und Wachstumsmöglichkeit begreifen, um die beschränkenden Nationalismen abbauen zu lernen. Dabei ist vor allem ein Zusammenkommen der verschiedenen Gesellschaften und Völker im Sozialen nötig. Die reichen Länder geben den ärmeren von ihrem Überfluss und schaffen somit einen gerechten Ausgleich. Dadurch kann sich ein brüderlicher Umgang vor allem im Bereich des Wirtschaftlichen zeigen und ausbilden, womit die materiellen Bedürfnissen aller Menschen befriedigt werden sollen.

Die Gleichheit des Einzelnen vor dem Recht, also vor dem Gesetz sollte nicht durch mächtige und wohlhabende Interessengruppen gemindert werden können. Auch wäre eher an eine Dezentralisierung in regionale Verwaltungsbereiche zu denken, als an einen anonymen Apparat in Brüssel oder Straßburg, wo oftmals Entscheidungen getroffen werden, die an den wirklichen Nöten in den verschiedenen Regionen vorbeigehen. Zudem müssten die unterschiedlichen Volksgruppen in Europa ihre kulturelle Identität bewahren und stärken können. Dazu ist vor allem ein freies Bildungs- und Schulwesen nötig, wo nicht mehr von zentralen, staatlichen Stellen Programme erlassen werden, die individuelle Fähigkeiten und schicksalhafte Aufgaben der einzelnen Menschen recht wenig fördern können, stattdessen meist nur noch brauchbare Spezialisten für die Wirtschaft erzeugt werden sollen.

Ein echter Pädagoge wird die ganz persönlichen Anlagen eines Kindes fördern und emporheben wollen. Da sind dann ganz andere Vermittlungen des zu Erlernenden nötig, zunächst einer allgemeinbildenden Fähigkeiten-Entwicklung, wie dies von einem Bürokratentum gar nicht so leicht zu leisten oder auch einzusehen ist. Die Freiheit im Geiste ist im sogenannten Einheitsstaat, der alle Bereiche des Gesellschaftslebens lenken will, eben noch nicht wirklich gewährleistet.

Im dritten Jahrtausend soll an dessen Stelle die Dreigliederung des sozialen Organismus in verschiedenen Ländern Europas immer mehr verwirklicht werden. Mit einem zentralistischen Europa, das nur noch den Interessen der Konzerne und Mächtigen dient, wären soziale und ökologische Katastrophen vorprogrammiert und der einzelne Mensch würde immer mehr zum „Rädchen" in einem technokratischen und bürokratischen Getriebe abgestempelt, das auf die Dauer gesehen ins Unmenschliche und Unsoziale ausufern müsste. Ein Verständnis der geistigen Struktur und damit der spirituellen Aufgabe Europas kann deshalb für die kommenden Herausforderungen sehr hilfreich sein.

Seit dem 15. Jahrhundert lebt die europäische Menschheit in der sogenannten

Neuzeit, nach dem das beschauliche und religiöse Mittelalter immer mehr einem menschlichen Forscher- und Entdeckerdrang weichen musste. In der Anthroposophie wird von da an von der sogenannten angelsächsischen Kultur gesprochen, nach der vorherigen griechisch-römischen Kulturepoche, da ab dieser Zeit von einer Bewusstseinsseelen-Entwicklung der Menschen gesprochen werden kann beziehungsweise diese von da an möglich wurde. Diese Bewusstseinsseelenentwicklung wird vor allem in den Englisch sprechenden Ländern gewährleistet. Verschiedene Sprachen fördern nämlich auch gewisse Seelenprägungen. So wurde und wird die Verstandesseelen-Entwicklung vor allem in Französisch sprechenden Ländern am stärksten gewährleistet und die Empfindungsseele kann sich hauptsächlich in den romanischen Völkern und Sprachen artikulieren. Die englische Sprache ist dabei mehr auf exoterische, das heißt auf äußere Begebenheiten ausgerichtet, die deutsche Sprache kann mehr das Esoterische, die geistige Seite ausbilden helfen.

Mittel-Europa und die deutsche Sprache dient vor allem der Ich-Entwicklung. Das Ich im Menschen ist die Instanz, die die verschiedenen Seelenbereiche verbinden und gestalten kann. So kommt auch Mittel-Europa eine zentrale Rolle und Aufgabe zu bei der Bewältigung unserer Zukunftsaufgaben.

Konsequenterweise sind die USA und überhaupt die angelsächsische Welt in der Bewusstseinsseelenzeit, in der wir heute eben leben, führend und tonangebend. Mit der Bewusstseinsseele ist aber auch ein allmählicher Übergang in etwas Neues verbunden. Findet sie dieses Neue nämlich nicht, müssten zwangsläufig Todeskräfte Überhand nehmen. Wir leben bekanntermaßen im Übergang vom Fische- zum Wassermann-Zeitalter, das durch ein Vorrücken des Frühlingspunktes auf dem Tierkreis angezeigt ist. Bis die ganze Gesellschaft diese Wassermann-Impulse aufnehmen kann, wird aber noch viel Zeit vergehen. Einzelne Menschen und Menschengruppen müssen jedoch schon heute diese Wassermann-Impulse, zum Beispiel die der Freiheit, Gleichheit und Brüderlichkeit, in sich zu verwirklichen versuchen. Vor allem im jetzigen Jahrhundert kommt es darauf an, ob sich soziale Gemeinschaften bilden, in denen ein spiritueller und humanistischer Geist leben kann, der die Bewusstseinsseele zum Geistselbst-Prinzip, also zum höheren Menschenwesen hin erweitern kann.

Global betrachtet muss Europa beziehungsweise die Menschen mit der Aufgabe der Ich-Entwicklung die Verbindung und den Ausgleich herstellen zwischen den Vereinigten Staaten von Amerika und England beziehungsweise den Menschen mit der stärksten Bewusstseinsseelenentwicklung und den Menschen einer zukünftigen Geistselbst-Kultur, wie sie in den slawischen Ländern Ost-

Europas und Russland in der Zukunft entstehen soll.

Die Bewusstseinsseele dringt ganz in die Materie, in die physisch-irdische und untersinnliche Welt hinein. Darin kann sie aber auch verhärten oder sich verlieren. Das Geistselbst beziehungsweise das höhere Ich, es lebt aus und in der Kraft der Wahrheit. Ein freies Ich hat erst die Möglichkeit zu wählen und sich für oder gegen etwas zu entscheiden.

Der Übergang vom heutigen Materialismus zu einem zukünftigen Spiritualismus, der die irdischen Kräfte mit hineinnimmt und diese verwandelt, ist vor allem die Aufgabe Mittel-Europas. Rudolf Steiners Anthroposophie ist hierfür geradezu das Paradebeispiel beziehungsweise ein sehr starker Impuls für das Erkennen und Annehmen dieser Aufgabe.

Europa muss vermitteln. Die Menschen im Osten, in den östlichen Staaten Europas und Russlands, sie warten darauf. Das Ich bildet sich ja erst richtig aus im Vermitteln und Überwinden der Gegensätze, zum Beispiel von Himmel und Erde oder von Geist und Materie, von Ich und Gemeinschaft, von Nähe und Distanz, von Ruhe und Aktivität, von Ost und West, von Nord und Süd und so weiter. Denn der Mensch ist mit seinem Ich auf der einen Seite der irdischen Welt und dann auf der anderen Seite, vom eigenen Inneren her, den geistigen Impulsen, den Idealen und dem Gewissen ausgesetzt.

Die Mitte Europas muss im Sozialen und Gesellschaftlichen von starken, freien und mündigen Bürgern, die sich in ihrem Ich selbst gefunden haben, gebildet werden. In den nordischen Ländern Skandinaviens gedeiht ein klares und vernunftbezogenes Denken. In den südlichen Mittelmeerländern ist mehr das Fühlen zu Hause. Vom Westen Europas und der Welt können Willenskräfte erworben werden und im Osten vollzieht sich die Heranreifung eines intuitiven Erkennens aus der Weisheitssphäre des kosmischen Alls.

Beziehungen und Begegnungen zwischen den Völkern Europas, und zwar vor allem auf der kulturellen Ebene und in zwischenmenschlichen Beziehungen, lassen Europa erst wirklich zu einem einheitlichen Organismus zusammenwachsen, in dem die einzelnen Glieder und Völker in ihren jeweiligen Aufgaben respektiert und geachtet werden. Dies braucht natürlich seine Zeit. Ein kultureller Einheitsstaat, womöglich noch nach dem Geist des „American way of live", wäre dagegen der kulturelle und geistige Tod Europas.

Der Mensch im deutschsprachigen Raum findet sich in seinem Ich, wenn er am politischen und kulturellen Leben und Geschehen Europas und der Welt teilnimmt und wenn er versucht, auf seine inneren Intentionen zu hören beziehungsweise wenn er diese auch umsetzen will.

Die Wirtschaft muss dann nämlich nicht mehr so vereinnahmend wirken, da wir in unserem Ich und von diesem aus, in Freiheit und nach Menschenmaß, diese gesund und nachhaltig lenken und gestalten können. Der freie Geist ist nämlich stärker als das Geld und die sogenannten Sachzwänge. Nur der „kleine Geist" wird vom Geld regiert. Nicht das Geld soll aber die Welt regieren, sondern der freie und mündige Bürger, der sich als Individuum, als Geistwesen, als freies Ich gefunden hat. In dem Sinne, wie dies Friedrich Hölderlin ausgesprochen hat.

„Und darum, weil ich frei im höchsten Sinne, weil ich anfangslos mich fühle, darum weiß ich, dass ich unzerstörbar bin."

Soziale Problematiken

In unserer Gesellschaft dominiert das Wirtschaftsleben, für das die einzelnen Menschen immer mehr zu Erfüllungsgehilfen oder aber zu Opfern einer Massenarbeitslosigkeit, damit zu Randgruppen degradiert werden, die scheinbar nicht mehr nutzbringend, die also überflüssig sind.

Dabei wird in einem markt- und gewinnorientierten Kapitalismus von dem Dogma der drei Prinzipien einer gesunden Wirtschaft ausgegangen, die da lauten:

1. Preisstabilität, 2. Vollbeschäftigung und 3. Wirtschaftswachstum.

Beim genaueren Beleuchten dieses Dogmas kann aber auffallen, dass diese Dreiheit zusammen so gar nicht funktionieren kann, denn ein Teil oder Prinzip passt immer nicht mit den zwei anderen Teilen zusammen.

Will man auf jeden Fall eine Preisstabilität beziehungsweise eine Geldwertstabilität erhalten, so wird das Wachstum der Wirtschaft gehemmt, weil das Geld dann selbst quasi zu einer Ware wird. Es verliert im Gegensatz zur Ware aber nicht seinen Wert, so wie das die letzten Jahre bei uns gut zu sehen war, wo Geld durch Anlagen und Spekulationen immer noch mehr Geld bringen soll. Dadurch wird das Geld bei Banken und Anlegern gehortet und kommt weniger in den Wirtschaftskreislauf, also in den Konsum hinein. Oder es wird damit spekuliert und entzieht sich mittlerweile immer mehr der realen Wirtschaft. Eine Finanzwirtschaft mit diversen Papieren, mit denen gehandelt wird, hat nämlich nicht mehr viel mit einer Wirtschaft zu tun, in der Waren und Dienstleistungen für den täglichen Gebrauch produziert und gehandelt werden. Das funktioniert auch nur so lange, wenn immer wieder neues Geld in das System gepumpt wird. Entweder durch Zinssenkungen oder auch durch eine

Geldentwertung wie in der Inflation oder es platzt irgendwann einmal die Blase, so wie wir das in der Finanzkrise schon einmal erleben mussten.

Wenn starkes Wirtschaftswachstum herrscht, wird zwangsweise die Erde stärker belastet. Wir verbrauchen mehr Rohstoffe, Wälder und gesunde Böden. Zurück bleiben oftmals verarmte Menschen und kaputte Landschaften. Wir können daher nicht um jeden Preis produzieren so viel wir wollen, da wir sowieso schon an einer Überproduktion in vielen Bereichen leiden.

Wenn wir ein höheres Wirtschaftswachstum wollen, auf dessen Basis der Kapitalismus letztlich beruht, also eine höhere Produktion bei stabilen Preisen, so geht das nur, wenn bei den Herstellungskosten gespart wird und das ist praktisch überwiegend bei den Beschäftigten, indem diese von Maschinen ersetzt werden oder es werden die Rohstoffpreise, meist auf Kosten der ärmeren Länder gesenkt. Also steigt als logische Konsequenz die Arbeitslosigkeit.

Am Beispiel der Landwirtschaft zeigt sich dies sehr deutlich. In früheren Zeiten arbeiteten viel mehr Menschen in der Landwirtschaft. Die Preise für Getreide oder Milch sind in den letzten Jahrzehnten verhältnismäßig gering gestiegen, obwohl viel mehr produziert wird. Das geht eben nur, wenn die menschliche Arbeit reduziert wird. Maschinen ersetzen Menschen. Das massenhafte Sterben kleinerer Höfe zeigt dann die Früchte einer kapitalistischen, industriellen Wirtschaftsweise, trotz hoher Subventionen seitens des Staates. Nur die großen und technisch ausgerichteten Höfe können da noch standhalten, da sie ihr Geld über die Massenfertigung und dies leider auch in der Tierhaltung erzielen müssen. Die Qualität der erzeugten Waren muss darunter natürlich leiden.

In der freien Wirtschaft ist das ähnlich. Nur noch die großen Betriebe und deren Zulieferer, die in die technische Massenproduktion mit wenig oder billigen Arbeitskräften einschwenken, werden sich in einem kapitalistischen System auf dem Markt behaupten und durchsetzen können und dabei die kleineren Firmen, die Konkurrenten schlucken müssen, sonst bestünde die Gefahr, selbst von einer anderen Firma ausgeschaltet zu werden. Oder es wird die Produktion eben in Billiglohnländer verlagert, so wie das überall zu erkennen ist mit den oftmals verheerenden Auswirkungen für die Arbeitenden und die Umwelt. Das Ganze läuft dann unter dem Stichwort der Globalisierung. Immer mehr Macht in den Händen weniger – so könnte man es auch anders ausdrücken, denn die einzelnen Staatsregierungen werden im Zuge dieser Globalisierung der Wirtschaft immer stärker erpressbar und zunehmend zu Handlangern der Wirtschafts- und Finanzindustrien.

Die gegenwärtigen Ereignisse in der Politik zeigen jedoch eine sehr interessante Tendenz. Die mächtigsten Männer und Konzerne verwickeln sich immer öfters in Skandale und geraten zunehmend unter öffentlichen Druck und

Beschuss. Ist das vielleicht ein Zeichen, dass es eben nur noch gemein-schaftlich, in einem viel größer gefassten gesellschaftlichen Kreis weitergehen soll, in dem die Verantwortung dann auf viele Bürger verteilt werden soll?

Und das nicht nur in der Politik, sondern auf allen Gebieten und dann eben auch in der Wirtschaft. Was kann geschehen, wenn die Verantwortung für das Ganze in einem Betrieb, in einer Vereinigung oder auch in einer kulturellen Institution ein Stück weit bei jedem einzelnen Mitarbeiter ruht?

Die Motivation und das Engagement und damit die Leistungskraft wird doch sicherlich erhöht. Dadurch können auch wieder mehr Menschen an der sozialen Gestaltung des Lebens teilnehmen.

Vollbeschäftigung ist wünschenswert, aber nur wenn die Erde erhalten und ge-pflegt wird. Arbeit gibt es schließlich genug, allein schon in den sozialen, er-zieherischen, pflegenden und therapeutischen Bereichen.

In der Zukunft wird sich die Wirtschaft auf den tatsächlichen Bedarf, auf die echten Bedürfnisse der Menschen einstellen müssen, wie das in der Absprache von Produzenten, Händlern und Verbrauchern am Besten auszuloten ist. Dann kann auch die Arbeitszeit reduziert werden, weil weniger produziert werden muss. Durch verkürzte Arbeitszeiten sollen möglichst alle Menschen am Wirtschaftsgeschehen teilnehmen, die Arbeit soll gerecht verteilt werden. Die Erde wird somit auch nicht unnötig belastet und die Menschen haben mehr Zeit für die Pflege von Beziehungen und kulturell-geistigen Aufgaben, die doch auch mit Arbeit verbunden sind.

Vollbeschäftigung ist ein Ziel und kann erreicht werden, bei einer Art Preis-stabilität, wo das Geld altert. Wenn das Geld entsprechend einer Ware, die mit der Zeit an Wert verliert, quasi abgewertet wird, würde das zur Folge haben, dass die Menschen das Geld schneller ausgeben würden. Das Geld muss mit der Zeit weniger Wert bekommen, entweder durch ein Geldentwertungssystem oder durch Inflation, dann wird es schneller ausgegeben und belebt somit die Wirtschaft.

Geld ist Energie. Es versorgt, ähnlich wie das Blut im Körper, die Gesellschaft mit frischer Energie. Zur Gesundung der Wirtschaft und der Gesellschaft muss es fließen und zwar dahin, wo es gebraucht wird, wo also Bedarf ist, zum Beispiel in Familien und Unternehmen.

Heute sammelt sich das Geld bei Börsianern, Aktionären, bei den ohnehin Reichen und Geldgeschäftemachern, wie den Privat-Banken und Fonds, also da, wo sowieso schon zu viel vorhanden ist. Das kann auf die Dauer nicht gut gehen, weil diese Menschen und Institute oftmals keine große soziale Eigenleistung erbringen.

Das Urbild der Wirtschaft kommt aus dem Geistigen, wie dies folgende

Aufstellung stichwortartig aufzeigen soll. Wie sieht es darin mit Preisstabilität, Vollbeschäftigung und Wachstum aus?

1. Preisstabilität – ist eine Frage des kalkulierten Preises. Der Preis einer Ware muss wahr sein, das heißt, keine Dumpingpreise oder Überteuerungen, nur weil vielleicht das Angebot geringer als die Nachfrage ist. Ein realer Preis ist ein Ausdruck von Weisheit, da darin Faktoren berücksichtigt werden sollen, die über das reine Produzieren hinausgehen, zum Beispiel durch Umweltschutz, Sozialstandards, also Alterssicherung, Krankheitsausfall, Zukunftsinvestitionen und dergleichen mehr. Ein Wahrheitsempfinden kann für einen gerechten Preis sorgen. Die Weisheit sucht keinen persönlichen Vorteil, denn sie weiß, dass nur, wenn das Ganze gefördert wird, es auch dem Einzelnen zugute kommen kann.

2. Vollbeschäftigung – die Arbeit soll als ein sozialer Prozess verstanden werden. Dabei gilt es, die Arbeit zu teilen. Die Liebe kann teilen. Dadurch erhält jeder den Platz, wo er am Besten für das Gemeinwohl dienlich sein kann. Dies führt hin zur Schönheit, denn diese zeigt sich im Sozialen erst in einem wirklichen Füreinander und Miteinander, wenn jeder dafür sorgen kann, dass es dem Anderen, dem Ganzen gut gehen soll, denn dann geht es allen gut.

3. Wirtschaftswachstum – der Zwang zum Wirtschaftswachstum kann durch die Güte aufgebrochen werden. Die Güte zu allen Wesen der Erde wird diese schonen wollen. Durch die Güte wird die Wirtschaft auch gut. Das ist erst ihre wahre Stärke, nicht in einer sinnlosen, egoistischen Gewinnmaximierung.

Die Weisheit, die Liebe und die Güte sollen folglich auch in das Wirtschaftsleben Einzug finden können. Dies sind letztlich aber göttlich-geistige Werte, sie kommen von Gott. Die Weisheit oder Allwissenheit und die Stärke oder Allmacht hat Gott mit seiner Schöpfung, mit seinen Geschöpfen, mit uns geteilt.

In der Erd- und Naturentwicklung wirkt Weisheit, aber nicht immer Güte, wie das zum Beispiel im Tierreich sehr leicht zu sehen ist, wo ein Tier ein anderes frisst. Die Stärke führt ohne eine liebevolle Güte oftmals in das Ungute hinein. Konkurrenz, Wettbewerb, das darwinistische Leistungsprinzip des Stärkeren führt längerfristig gesehen zu einer Minderung der Vielfalt in der Natur wie auch im sozialen Leben.

Die entscheidende Ebene hierbei ist die mittlere Sphäre, die Liebe, die mehr durch ein künstlerisches Tun und soziales Engagement errungen wird. Die Liebe ist und bleibt bei Gott. Sie wurde nicht in des Menschen Obhut und Verantwortung gelegt wie die Weisheit und Stärke. Die Liebe kam erst wirklich ganz durch Christus zu uns Menschen, so dass sie individuell ergriffen und gelebt werden kann. Vorher waren die Menschengemeinschaften mehr durch Gruppenprozesse, durch Traditionen, kulturelle Gemeinsamkeiten oder erbliche

Zusammenhänge zusammengeführt. Die Liebe überwindet diese alten Gruppenzugehörigkeiten, in dem sie freigewählte und individuelle Beziehungen ergreifen kann. Dafür muss man die Liebe wollen, sich für sie öffnen können, auch im Gesellschaftlichen, wie in sozialen und betrieblichen Gemeinschaftszusammenhängen.

Wollen wir die Dreiheit im Wirtschaftlichen, also einen gerechten Preis, eine starke, nachhaltige und gesunde Wirtschaft mit einer Vollbeschäftigung, also nicht nur Wachstum und Preisstabilität, so brauchen wir die Liebe. Die Liebe ins Irdische, dann auch bis ins Wirtschaftliche bringen zu können, heißt, das Göttliche in die Welt zu bringen. Und dies ist vor allem eine Frage der Verteilung – von Arbeit, Rohstoffen, Gütern und Geld.

So geht es heute nicht mehr nur darum, in der Mystik, dem Weg nach Innen, durch ein seelisches Leerwerden, durch Rückzug von der Welt und einem einseitigen Hinstreben zum Göttlichen hin, die sogenannte mystische Hochzeit oder mit anderen Worten eine Erleuchtung mit dem Geist anzustreben. Wir sollen vor allem auch in die Welt verwandelnd und gestaltend einwirken, einem alchimistischen Prozess vergleichbar, dessen Ziel die chymische Hochzeit genannt wird, also dem Verbinden und Vereinigen mit dem Geistigen in der Welt, denn auch diese ist voller Geist, zwar noch in einem recht unerlösten Zustand. Doch gerade diese Erlösungstat ist das zentrale Anliegen in einem christlichen Zusammenhang. Diese geschieht vor allem durch eine Verwandlung des sozialen Lebens. Die Welt wartet darauf.

Also soll bei dieser sozialen Wandlungs-Arbeit auch die Arbeit beziehungsweise die Arbeitszeit gerecht geteilt werden, wie dies praktisch durch eine Verkürzung der Arbeitszeit möglich ist und zwar so, wie die Einzelnen es auch zu leisten vermögen.

Eine Gesellschaft hat ein bestimmtes Einkommen, das eben durch die gesamte Wirtschaft erbracht wird. Dieses soll an alle so verteilt werden, in dem möglichst viele an und in diesem wirtschaftlichen Prozess teilnehmen können und zudem nach ihrem individuellen Bedarf entlohnt werden. Dadurch entsteht Gerechtigkeit.

Man spricht heute gerne von einer Leistungs-Gerechtigkeit. Nur wer etwas leistet, soll auch Anspruch auf Lohn erhalten und zwar in Höhe der erbrachten Leistung. Der Spruch: Wer nichts arbeitet soll auch nicht essen, bringt diese Aussage auf den Punkt. Doch was ist alles Arbeit? Erbringt eine Mutter in der Erziehung ihrer Kinder keine Arbeit oder warum wird ein Banker meist besser bezahlt als eine Altenpflegerin? Leisten die tatsächlich viel mehr?

Wie die Entlohnung heutiger Arbeit tatsächlich aussieht, ist meistens alles andere als gerecht. Da bestimmen oftmals die Marktgesetze von Angebot und

Nachfrage die Höhe der Bezahlung. Auch werden bestimmte Tätigkeiten besonders hoch dotiert, obwohl ihr sozialer Nutzen dieser Bezahlung nicht entspricht, da auch die persönliche Verantwortung nicht besonders hoch ist, wie bei einigen Managern. Überhaupt kassiert der Handel meist höhere Gewinne als die produzierende Arbeiterschaft, die jedoch die meiste und härteste Arbeit erbringen.

Letztlich kann Gerechtigkeit nur über die Verteilung des Erwirtschafteten erreicht werden, also eine Verteilungs-Gerechtigkeit und diese wiederum eher nach dem Bedarf der Menschen wie nach der Leistung. Ein Arbeiter, der eine Familie zu versorgen hat, hat eben einen anderen Bedarf als ein alleinstehender Arbeiter, auch wenn sie die gleiche Leistung erbringen. Diese Bedarfsfindung kann aber nur in einem sozialen Prozess geschehen, wo die in der Wirtschaft Tätigen selbst herausfinden müssen, wem wie viel vom „gemeinsamen Kuchen" zustehen soll. So übernimmt jeder ein Stück weit Verantwortung für das Ganze.

Somit ist die Frage der gerechten Entlohnung eine soziale Frage, die von den Menschen innerhalb einer wirtschaftlichen, politischen und kulturellen Institution selbst gelöst werden muss. Der Staat als Organ des Rechtswesens hat dafür Sorge zu tragen, dass Geldmittel aus Steuern sinnstiftend in Bereiche gelenkt werden können, die keine eigenen Gewinne erwirtschaften können, wo also Bedarf ist, wie in den Institutionen des Kultur- und Geisteslebens, aber auch in Rechts- und Kulturorganen, wie den Gerichten, Schulen und Hochschulen, in Hilfseinrichtungen und so weiter. Solche Einrichtungen gehören primär eben nicht in das Wirtschaftsleben hinein und arbeiten daher meist nicht kostendeckend.

Vom egoistischen Leistungs- und Verteilungsprinzip, wo jeder nur schaut, dass er für sich den größten Happen vom „Kuchen" abbekommen kann, geht der Weg hin zu einer brüderlichen, solidarischen und nachhaltigen Wirtschaftsweise. Dies ist eine vordergründige zukünftige Aufgabe, die es zu bewältigen gilt.

Dadurch bleibt die Erde viel eher geschont, die Menschen haben mehr Zeit für die Arbeit an sich selbst und die Arbeit für, mit und an den Mitmenschen. Keiner wird schließlich bezweifeln wollen, dass zwischenmenschliche Arbeit keine Arbeit ist. So müssen wir unseren gängigen Arbeitsbegriff, eben meist die Lohnarbeit, erweitern, um die Arbeit immer mehr ins Menschliche, Humane und Individuelle bringen zu können, so wie dies bei der sogenannten ehrenamtlichen Arbeit schon eingesehen werden kann.

Jedoch setzt dies eine Bewusstseinsänderung voraus und dies ist meist ein langwieriger Prozess, dem der heutige Egoismus im Wege steht. Doch führt letztlich kein Weg daran vorbei. Der egoistische und auf Gewinnmaximierung fixierte Kapitalismus ist längerfristig gesehen zum Scheitern verurteilt. Das ist nur noch eine Frage der Zeit. Wir können die Vorboten dieses Untergangs schon deutlich wahrnehmen zum Beispiel in den Rentendiskussionen, im Gesundheitswesen, in der Schulden- und Finanzkrise, im Mietwucher, im Arm-Reich Gefälle und im ökologischen Kollaps, der uns allen droht. Die Kluft zwischen Armen und Reichen wird immer größer, was zu sozialen Unruhen führen kann, das Leben wird zunehmend stressiger, die Menschen werden kränker, ausgebrannt von der Hetze des Alltags. Ist das der Sinn der hochgelobten Technik-, Wissenschafts- und Kapitalismus-Verehrung, wenn diese auch unter beschwichtigendem Namen wie der sozialen Marktwirtschaft daherkommt? Diese brachte zwar das Wirtschaftswunder nach dem zweiten Weltkrieg, eine zukünftige soziale Gerechtigkeit wird sie aber nicht erreichen können. Um welchen Preis das Dogma des Kapitalismus beziehungsweise einer Wirtschaft, die auf Konkurrenz und Wettbewerb setzt, hochgehalten wird, werden wir immer mehr erfahren.

Die Lösung kommt nicht aus einer materialistischen Weltanschauung, die den Menschen nur noch als intelligentes Tier oder biologisches Ersatzteillager begreift. Der Mensch ist ein geistiges Wesen und aus diesem heraus, aus seinem innersten Wesen oder Ich-Kern soll er lernen, die soziale und die natürliche Welt zu ordnen, zu pflegen und zu gestalten.

Aus diesem Geist heraus können wir dann auch versuchen, die Hindernisse für ein Leben in sozialer Gerechtigkeit, in Freiheit und im Einklang mit der Natur erkennen, beurteilen und überwinden zu lernen.

Massive Angriffe und Hindernisse für ein geistiges Leben kommen heute aus den untersinnlichen Bereichen der Technik und einer profit- und einseitig marktorientierten Wissenschaft und Wirtschaft, aber auch aus Teilen der Kultur, die in Massenmedien die Menschen von ihrer eigentlichen Aufgabe abbringen wollen, in dem sie Vergnügen, Konsum und Amüsement an Stelle von Sinnhaftigkeit und Verantwortung setzen. Wir soll uns darüber eine eigene Urteilsgrundlage bilden, sonst können wir den Verlockungen und Wunderpreisungen mancher Techniken und „Zivilisationserrungenschaften" nichts entgegensetzen.

Am Beispiel der Gen-Technologie soll dies im nächsten Abschnitt als ein knapper und kurzer Versuch etwas näher geschildert werden. Zusammenhänge mit unseren Zivilisationskrankheiten werden dabei anschaulich.

Ich möchte aber hier nicht den Eindruck einer Technikfeindlichkeit erwecken. Die technische und wirtschaftliche Entwicklung prüft uns letztlich auf unsere moralische und geistige Integrität hin. Die Frage dabei ist doch, ob sie unserem wahren Menschsein dient oder von diesem abführt und uns von bestimmten

Produkten abhängig machen möchte. Auf welchen Gebieten sind wir noch frei von der Technik, wo nicht mehr und wo kann sie uns dienen oder wo beherrscht sie uns, das sind doch die entscheidenden Fragen, die ich hier nur noch kurz andeuten will und die in Zukunft bewusstseinsmäßig erkannt und gelöst werden wollen.

Vom Technikwahn und unseren Zivilisationskrankheiten

Bevor ich mit der eigentlichen Thematik dieses Abschnitts beginne, möchte ich von vorne herein klarstellen, dass ich mit meinen Ausführungen niemand persönlich angreifen möchte. Mir ist sehr bewusst, dass wir in einer Zeit leben, in der die Auseinandersetzung mit dem Abgründigen und Dämonischen einfach angesagt ist. Die Menschen, die nun in solchen prekären Zusammenhängen arbeiten, sei es in der Waffenindustrie, in der Gen- oder Atomtechnologie, in der chemischen Industrie, die Gifte gegen die natürliche Erde entwickelt oder in Tierversuchen diese quält und dergleichen mehr, haben auf der einen Seite ihre persönlichen Gründe und Sachzwänge, auf der anderen Seite kann die Arbeit und die Forschung an solchen Technologien sehr interessant und aufschlussreich sein.

Mir geht es hier nur darum, einen größeren Zusammenhang aufzuzeigen, bei dem nicht der einzelne Mensch in Frage gestellt werden soll, der darin seinen Broterwerb erhält, sondern die Richtung, in die die gesamtgesellschaftliche Entwicklung hintendiert und zwar von einem geistigen Standpunkt aus gesehen. Sicherlich gibt es auch noch andere, ergänzende Sichtweisen, wie die ökologischen und sozialen Fragen, die hinzugenommen werden müssten, was hier aus Platzgründen aber unterbleiben muss. Viele Sichtweisen erweitern bekanntlich das Gesamtbild. Doch nun zum eigentlichen Inhalt.

Die Gen-Technologie ist nur die Spitze in der Tätigkeit des Manipulierens am Lebendigen, wie das recht anschaulich mit unseren Nahrungsmitteln zu beobachten ist. Künstliche Düngungen, Konservierungen und Bestrahlungen mindern oder zerstören die Lebenskräfte in den Pflanzen. Was wir dann essen, enthält nur noch wenig Vitalkräfte. Unsachgemäße Zubereitung, wie zum Beispiel in Mikrowellenherden, verschlechtern unsere Nahrung zusätzlich. Bei vollem Tisch erleiden wir immer mehr Mangelkrankheiten. Eine absurde Entwicklung – dank der Technik und Wissenschaft?

Die Wissenschaft versucht uns weiszumachen, dass die chemischen Substanzen in den Speisen uns nähren. Das ist aber nur die unterste, quantitative Ebene der Nahrung. Jeglicher Stoff besteht aus Materie, aus Energie, aus der Information und einem entsprechenden Wesen, das damit verbunden ist. Sehen tut man normalerweise nur den Stoff, das Materielle.

Gerade die Nahrungsmittel sind die Träger des Lebendigen, also der Lebens-Energie und die erhält uns hauptsächlich am Leben. Jede Energie ist nun auch Übermittler beziehungsweise Träger einer Information, die darin enthalten ist. Ein Apfel hat eine andere Information als eine Birne, nicht nur auf der genetischen Ebene, sondern vor allem auch im Ätherischen, denn dahinein wirken differenzierte elementarische und geistige Wesen, die dann auch in unserem leiblich-seelischen Gefüge zur Auswirkung kommen.

Eine genmanipulierte Pflanze strahlt folglich eine andere Energie aus, da sie zum Beispiel gegen bestimmte Schädlinge resistent gemacht wurde. Das heißt aber auch, dass diese Pflanze eine andere Information in ihrem genetischen Gefüge und dann auch im ätherischen Zusammenhang aufweisen muss. Unser sowieso schon stark strapaziertes Immunsystem muss sich dann zusätzlich mit vielen neuen und künstlichen Informationen auseinandersetzen, was mit der Zeit eine Überlastung zur Folge haben wird. Inzwischen hat auch die Forschung an Tieren festgestellt, dass bei diesen durch das Verabreichen von genmanipulierter Nahrung das Immunsystem geschädigt worden ist.

Durch die neue, manipulierte Information ändern sich zwangsläufig die Elementarwesenheiten, die die Pflanzen ätherisch durchdringen. Die Folge wird sein, dass immer mehr künstlich geschaffene oder veränderte elementarische Wesenheiten mit der Nahrung bis in unser Leibliches eindringen können, was starke innerleibliche Auseinandersetzungen nach sich ziehen wird. Eine Pflanze, die zum Beispiel durch Gen-Manipulation immun gegen manche Schädlinge geworden ist, zeigt auf der seelisch-geistigen Ebene eine größere Abgeschlossenheit und Aggressivität. Dies bewirken ahrimanisch tangierte beziehungsweise vereinnahmte Elementarwesen, die mehr Astralsubstanz in die Pflanze hineinziehen, so wie das zum Beispiel bei den Giftpflanzen in natürlicher Weise schon der Fall ist. Solche künstlich beeinflussten Elementarwesen wirken daraufhin auch in uns, wo sie sich in seelischer Gereiztheit, vitaler Schwäche und einem zunehmenden Desinteresse für das Geistige äußern.

Bei einem oftmaligen Genuss solcher Nahrung wird letztlich ein ätherischer Raub ausgeübt, weil unser Körper mehr Energie benötigt, solche Nahrung umzuwandeln, als dass er davon erhält. Eine energielose, denaturierte und künstlich informierte beziehungsweise dämonisierte Nahrung trägt zur Überlastung des Immunsystems bei. Krankheiten (Autoimmunerkrankungen, Krebs, Rheuma und Allergien) entstehen.

Unsere Zivilisationskrankheiten sind hauptsächlich Folgen solch einer unnatürlichen Lebensweise oder Einstellung. Sie sollen wachrütteln und uns vor dem drohenden Untergang bewahren helfen, wenn wir ihre Botschaften hören. Sie sind nicht die Geißeln der Menschheit, sondern Mahner zur Umkehr. Als Beispiel hierfür sei die Krebs-Krankheit etwas genauer angeführt.

Eine Hauptursache ihrer zunehmenden Ausbreitung ist natürlich in der denaturierten, lichtarmen Nahrung zu finden. Überhaupt ist Krebs eine Lichtstoffwechselkrankheit. Lichtkräfte oder Biophotonen kommen über die Nahrung, die Atmung, die Sinnesorgane und die Haut in unseren Körper und formen beziehungsweise strukturieren den Zellaufbau und scheiden „Schlackenstoffe" aus.

Von den Wesensgliedern aus betrachtet ergeben sich nun verschiedene Möglichkeiten zum Entstehen der Krebskrankheit.

1. Der Astralleib, das Seelische, zum Beispiel in verdrängten Emotionen und unterdrückten Gefühlen, sie greifen zu stark in die Leiblichkeit hinein beziehungsweise werden sie dort nicht genügend aufgearbeitet. Dadurch wird der Ätherleib hinausgepresst, er fließt aus. Die Folge davon ist, dass die Formkraft verloren geht. Der Lichtäther ist im menschlichen Leib der Träger des Astralleibes. Wenn nun die Lichtkräfte zu gering werden, kann der Astralleib nicht mehr ordentlich, das heißt harmonisch eingreifen und strukturieren. Ein Geschwür, ein unbegrenztes Wachstum entsteht, weil der Ätherleib seine Struktur, seine Begrenzung verliert.

Dabei sind meistens Organe oder Stellen betroffen, wo zu viel Astralität beziehungsweise verdrängte Schattenanteile wirken. Der ausfließende Ätherleib lässt wuchern.

Hier hilft die Psychotherapie und die Körperarbeit. Zudem kann die Homöopathie und die anthroposophische Medizin die Wesensglieder-Ordnung wieder herstellen. Eine spirituelle Weltanschauung, die den Materialismus überwinden hilft, lässt unser Seelenleben freier werden und unseren lichthaften Platz im Kosmos finden, da wo wir seelisch-geistig zu Hause sind.

2. Der Astralleib und das Ich lockern sich und der Ätherleib wie auch der physische Leib kriegen dadurch zu wenig Form und Kraft. Somit fehlt eine starke Schutzhülle um den Leib. Wir sind dadurch fremden und schädigenden Substanzen, Strahlen und Einflüssen leichter ausgesetzt. Hier kann die Misteltherapie und die anthroposophische Medizin hilfreich sein. Wir sollen darauf achten, dass wir im Leben gut geerdet sind und unsere Lebensaufgabe verantwortlich annehmen und zum Wohl der ganzen Erde ausführen.

3. Der Ätherleib wird geschwächt, wie das schon angesprochen wurde, zum Beispiel durch falsche Ernährung, radioaktive und elektromagnetische Strah-

lung, Erdstrahlen, Elektrosmog, chemischen Substanzen und Umweltgiften.
Wir können durch ein bewusstes und maßvolles Leben die Ätherkräfte stärken.
Durch ein rhythmisches Leben werden die Klangätherkräfte gestärkt. Eine Ernährung mit vielen Lichtquanten, wie frisches Obst, Getreide, Säfte und Meeresalgen und alternativen Heilweisen wie die Heliotherapie und die Lichtatmung, lassen die Lebens-, Klang- und Lichtätherkräfte gedeihen. Die Natur heilt durch die Elemente der Wärme und des Lichtes.

4. Die Ich-Organisation ist schwach oder greift nur unvollständig in das Leibesgeschehen ein. Der Mensch filtert zu wenig die Informationen der Umwelt aus. Er schluckt zu viel in sich hinein. Das ergibt astrale Schatten, die zu Geschwüren werden können. Vor allem Menschen mit dem sogenannten Helfersyndrom laden sich manchmal sehr viel seelischen Ballast auf, den sie nicht mehr richtig verdauen beziehungsweise verarbeiten können. Wir sollen daher unsere Urteils- und Entscheidungsfähigkeit ausbilden und die eigenen Erkenntniskräfte stärken, um damit das Wesentliche vom Unwesentlichen und Krankmachenden unterscheiden zu können.

Dies in aller Kürze zur Krebskrankheit. Natürlich ist dabei immer eine individuelle Herangehensweise notwendig. Auch überschneiden sich in der Praxis die oben angegebenen einzelnen Punkte. Zusammengefasst lässt sich sagen, dass die Krebskrankheit auf die Fragen der Energie und damit der Lebenskräfte hindeutet.

Gerade aber die Gen-Technologie ist es, die das natürliche Leben manipulieren möchte. Hinter diesem Ansinnen sind ahrimanische Züge zu erkennen. Anstelle der Gen-Technologie wäre eine vermehrte Förderung der biologischen und biologisch-dynamischen Landwirtschaft und natürliche Methoden der Saatgutgewinnung und die Erforschung und Erhaltung des Lebendigen zu fördern.

Die Atom-Technologie wird sich auch immer mehr als Leben zerstörend zeigen müssen. Bei der Atomspaltung wird zuvorderst Materie zerstört. Darin zeigen sich asurische Wesenheiten.

Wir sollen an der Verwandlung der Erde nach alchimistischem Vorbild arbeiten lernen, das heißt, es würde um eine Veredelung der irdischen Stoffe gehen, wobei die Technik und die Wissenschaft einen maßgeblichen Anteil daran haben kann. Zugleich soll damit aber auch eine Erweiterung der seelisch-geistigen, also der moralischen Kompetenzen der Menschen, die in solchen Zusammenhängen arbeiten, stattfinden. Ein künstlerisches Schaffen vermag es am ehesten, das Irdische zu wandeln beziehungsweise die Materie zu erlösen. Die technische Entwicklung sollte folglich immer mit einer seelischen Veränderung verbunden sein, hin zu einem künstlerischen und schöpferischen Kreieren beziehungsweise einem Weiterbilden des natürlich Vorhandenen.

Alternative Energien und Techniken, wie die Wind-, Wasser- und Sonnen-Energie und natürlich das Energiesparen, weisen in eine gesunde Richtung, weil damit ein Bewusstseinsprozess verbunden ist.

Eine dritte große Herausforderung an die Menschheit zeigt sich zum Beispiel in solchen Techniken wie dem HAARP-Projekt, wodurch die Erdatmosphäre immer stärker mit Energie aufgeheizt und als Informationsträger benutzt werden soll oder überhaupt in der immensen Zunahme elektromagnetischer Felder durch Mobilfunk und Datennetzen. Dadurch könnte allmählich die Erde vom Kosmos abgeschirmt und zudem die Menschheit mit willkürlicher Information beeinflusst oder auch kontrolliert werden. Darin ist ein direkter Angriff auf die Christus-Äthersphäre zu erkennen, die wie eine moralische Sphäre die Erde schützend und inspirierend umhüllt.

Das dreifache Böse wirkt in diesen Technologien. Krankheiten, wie zum Beispiel Krebs, Aids und Gehirnstörungen, so zum Beispiel die Alzheimer-Krankheit, können in direktem Bezug dazu gesehen werden. Ich will das aber hier nicht weiter ausbauen. Am Beispiel der Krebs-Krankheit ist die Herangehensweise hoffentlich etwas deutlich geworden.

Eine Zusammenstellung soll nur noch stichwortartig Verbindungen aufzeigen, wie sie für eine spirituelle Betrachtung dienlich sein können. Im Anhang sind die einwirkenden widersacherischen Wesenheiten zudem etwas näher beschrieben.

Materie	Energie (Leben)	Information
Atomspaltung	Gen-Technologie	HAARP, E-Smog
Aids	Krebs	Demenz, Alzheimer
Asuras	Ahrimanische Wesen	Luziferische Wesen

Eine Heilung dieser Abirrungen kann durch folgende Maßnahmen erfolgen:

Materie	Energie	Information
Kunst, Alchimie, brüderliches Wirtschaften	biologische Landwirtschaft – Erkenntnis des Lebens, spirituelles Leben und geistvolle Wissenschaft	religiöse Weltanschauung, ätherischer Christus, soziales Miteinander

Natürlich können radioaktive Strahlen auch Krebs auslösen. Die Verbindung zu Aids ergibt sich als Folge der Zerstörung von Materie. Die Liebe ist die verbindende, erhaltende und aufbauende Kraft im Weltenall. Zerstörung ist das

Gegenteil. Inwieweit Aids mit dem Mangel an verbindlicher, aufbauender Liebe zusammenhängt, kann in diesem Zusammenhang nur gesamtgesellschaftlich erahnt werden. Individuell muss alles sowieso in einem größeren, schicksalhaften Kontext betrachtet werden.

Wir können weiter im Untersinnlichen, also mit untersinnlichen Energien herumexperimentieren, werden dabei immer kränker und zunehmend abhängiger von diesen Errungenschaften oder in die übersinnlichen beziehungsweise menschlichen Gefilde, als direkte Gegenbilder dazu, aus freier Entscheidung und individueller Einsicht eintreten. Es liegt an uns.

Krieg und Frieden

Dreifach ist das Wesen und damit die Eigenschaft des Göttlichen selbst. Die Weisheit, die Liebe und die Stärke sind die göttlich-geistigen Attribute oder mit anderen Worten: das Allwissen, die All-Liebe und die Allmacht.

Für uns Menschen, die wir diese göttlichen Kräfte als reale Möglichkeiten und Potenzen in uns tragen, sind bestimmte Einseitigkeiten und Gefahren damit verbunden, wenn wir diese einzelnen Kräfte und Fähigkeiten so benutzen, dass sie aus ihrem gesamten, aus ihrem kosmisch-göttlichen Zusammenhang herausgerissen sind. In einem ganzheitlichen Sinne kann die Stärke, also auch die Kraft und die Macht, durch die Liebe in eine segensreiche Güte verwandelt werden. Die Stärke ohne Liebe und ohne Weisheit kann dagegen leicht in den Abgrund führen. Die Stärke, die mit der Liebe und der Weisheit verbunden ist, führt letztlich hin zum Frieden, dem Zustand einer Ausgeglichenheit und Zufriedenheit im eigenen Seeleninnern und des Friedens und der Gerechtigkeit in der Weltgeschichte. In einem solchen Frieden kann sich die menschliche Seele geborgen und zuhause fühlen.

Die Gedanken zu diesem Kapitel sind größtenteils während des Kosovo-Krieges im Frühjahr 1999 entstanden. Aus einem erkenntnisreichen Ringen mit den Konflikten und Abgründen in den Kriegen der Völker, Religionen und Ethnien, die auch aus geostrategischen und machtpolitischen Gründen, wegen der Ausbeutung von Ressourcen oder aus Ideologien und imperialistischen Gründen und dergleichen mehr geführt werden, können und sollen schließlich Impulse für eine friedliche Zukunft heranwachsen. Dafür wollen die folgenden Gedanken eine Urteilsgrundlage bilden.

26

Unter den Volksgruppen im Balkan wütete der Hass und die Verblendung. Die Macht beziehungsweise die Stärke, ausgedrückt im Nationalgefühl und der Zugehörigkeit zu einer bestimmten Ethnie, wurde selbstisch, das heißt gegen den Anderen, gegen den „Fremden" gerichtet. Somit wirkt sie zerstörerisch.

Die Frage ergab sich für die restliche Welt und da vor allem für Europa: Dürfen wir zuschauen, wenn sich einzelne Volksgruppen gegenseitig zerfleischen? Diese Frage bewegt uns alle, auch heute noch.

Darf man zuschauen oder weitergehen, wenn zum Beispiel Gewalt auf der Straße geschieht, wie zum Beispiel öfters zwischen Jugendlichen oder wo anderweitig Gewalttätige ihre Opfer suchen? Diese Frage ist eine Gewissensfrage, aber auch eine der Vernunft und Strategie.

Es ist nach unserem Strafgesetz strafbar, wenn wir eine mögliche Hilfeleistung unterlassen; vorausgesetzt die Verhältnismäßigkeiten der Mittel sind gewährleistet. Ansonsten sind wir zumindest verpflichtet, die Polizei zu Hilfe zu rufen.

Bestimmte westliche Länder und immer mehr auch Europa selbst, sie wollen und sollen nach Meinung zahlreicher Politiker als eine Art Weltpolizei fungieren, um die vielfältigen Konflikte in der Welt befrieden zu können. Die NATO hat heute eine große militärische Stärke. Kann diese als eine Friedensmission genutzt werden?

In den Evangelien lautet ein Christuswort: „Denn alle, die nach dem Schwert greifen, werden auch durch das Schwert umkommen" (Matthäus 26, 52). Wenn man Macht oder Gewalt mit gleicher oder noch größerer Gewalt begegnet, also nach dem alttestamentarischen Gesetz des Aug um Auge, Zahn um Zahn, so kann zwar das Gewalttätige vielleicht erst einmal in Schach gehalten, nicht aber besiegt werden. Denn wir machen uns durch ein gewalttätiges Eingreifen selbst schuldig, in dem wir karmische Tatsachen schaffen, für die wir wieder aufkommen müssen, für die wir verantwortlich sind. Das Gesetz des Karma verbindet – im Guten wie im Schlechten.

Auf lange Sicht oder zum Wohle des Ganzen gesehen, kann es manchmal aber durchaus notwendig sein, für die Rechte des Menschlichen einzugreifen und dafür zu kämpfen. Christus jagte ja auch die Geldhändler aus dem Tempel hinaus. Für Gerechtigkeit und Freiheit müssen wir kämpfen. Die Methode, das Wie ist dabei entscheidend.

Es muss Liebe dabei sein, auch für den verirrten Gegner - und die Weisheit, die ein solches Geschehen aus einem größeren Gesichtswinkel beziehungsweise einem umfassenden Standpunkt einsehen kann.

Sicherlich sind dann erst einmal alle diplomatischen und gewaltfreien Konfliktstrategien auszuprobieren und anzuwenden. Pazifistische Einstellungen, die ja niemandem ein Leid zufügen wollen, wie sie in östlichen Weltanschauungen urständen, können jedoch verschiedene Beweggründe und Motive aufweisen. Pazifismus kann aus Liebe zum Anderen geschehen, dann ist es gut oder aber aus Selbstliebe und Ängstlichkeit heraus, weil man sich ja nicht „schmutzig" oder schuldig machen will.

Ein strafende Handlung kann durchaus aus Liebe geschehen, denn manche Menschen brauchen leider manchmal eine Korrektur, um sich dem Wohle des Ganzen wieder anschließen beziehungsweise dafür sorgen zu können, um dadurch allmählich wieder begreifen zu können, wie man in rechter und gesunder Weise leben soll. Das fängt natürlich schon bei der Kindererziehung an und endet erst bei den großen Weltenschicksalen.

Die geistige Welt beziehungsweise deren Gesetze sind streng, aber nicht ungerecht. Diese Tatsache kann uns auch eine Richtschnur sein für die Erziehung unserer Kinder, denn da herrscht heute oftmals eine große Unsicherheit. Man will ja nur das Beste für die Kleinen und lässt ihnen oftmals freien Lauf, das heißt, man greift so wenig wie möglich ein. Doch was zeigen in diesem Fall die Erwachsenen den Kindern für ein Vorbild?

Jemand, der sich aus Konflikten heraushält beziehungsweise sich nicht einmal gegen den Willen der kleinen Kinder durchsetzen kann, was ist er für ein Kind, das nachahmen tut, was lernen die Kinder daraus? Wenn eine solche Haltung überwiegt, führt dies bei Kindern oftmals zu wachsender politischer und gesellschaftlicher Interesselosigkeit gegenüber der Welt. Das soziale und kritische Element wird dadurch zu wenig gefordert und ausgebildet. Der menschliche Wille wächst nämlich auch am Widerstand. Ein Wille, dem alles gegeben wird, muss schwach und passiv bleiben. Für eine gesunde Ich-Entwicklung müssen Schwierigkeiten und Auseinandersetzungen diese fördern können. Nicht um ein Vermeiden von Konflikten geht es schließlich, sondern um eine konstruktive Lösungssuche und dies in allen Bereichen des Lebens.

In Europa und davon ausgehend in viele Länder der Erde, herrscht seit einigen Jahren und Jahrzehnten ein neuer Geist. Die individuellen Freiheits- und Menschenrechte stehen bei vielen Menschen zunehmend höher als Regierungs- modelle beziehungsweise staatlich erlassene Gesetze, wenn auch heute noch einige Staaten versuchen, alte Machtstrukturen erhalten zu wollen. Jedoch, vor dem Selbstbestimmungsrecht des Volkes wird immer stärker das Recht des Einzelnen nach individueller Freiheit und Selbstbestimmung gesetzt. Dieses Recht des Einzelnen nach individueller Freiheit und Selbstbestimmung muss geschützt und noch weiter verbessert und gestärkt werden, auch gegenüber heutigen kommerziellen Attacken seitens mancher Großkonzerne, die uns gerne vorschreiben wollen, was wir zu essen und zu kaufen haben. Auch hier geht es nicht ohne Kampf und Anstrengung für unsere Freiheitsrechte wirklich weiter.

Die NATO trat im Kosovo-Krieg, trotz der Andersgläubigkeit der Kosovo-Albaner für diese ein und war damit bereit, eigene Opfer und eigenes Leben einzusetzen. Das ist zunächst etwas Großartiges in der Menschheitsgeschichte. Leider war aber die Vorgehensweise und auch manche weitere Hintergründe dieser Mission in vielen Punkten nicht ganz in Ordnung. Dies soll hier aber nicht weiter vertieft werden.

Niemand wünscht sich Krieg, zumindest nicht als normal sterblicher Mensch. Der Krieg ist aber eine Weltentatsache. Über unseren Häuptern in den astralen Welten herrscht ständig Krieg. In den menschlichen Beziehungen und Konkurrenzkämpfen, aber sicher auch irgendwo bei den „Pazifisten", gibt es Kräfte und Taten, die dem Anderen, dem Mitmenschen Schaden zufügen, um selbst irgendwelche Vorteile dabei herausschlagen zu können.

Jeder Mensch verfügt über ein gesundes Aggressionspotential, zumindest der Anlage nach, der eine mehr, der andere weniger. Wenn diese Kräfte in gewaltfreien Konfliktstrategien angewendet werden können, wäre dies natürlich das Beste. Daher gilt es immer auch, die Friedekräfte in sich aufzurufen und bewahren zu lernen. Der Friede ist immer das Ziel, das im Konfliktfall angestrebt werden soll. Der Krieg ist die schlechteste und letzte Möglichkeit, wenn alle anderen Mittel und Strategien nicht mehr fruchten oder man es mit Mächten zu tun hat, die nur zerstören wollen, wie im Dritten Reich, bei Hitler und Stalin, im Ruanda-Konflikt oder eben teilweise auch im ehemaligen Jugoslawien. Da wirkten und es wirken auch heute noch vielerorts asurische Mächte und Wesen mit in die verführten Menschenseelen hinein und machen sie von sich besessen. Diesen Dämonen ist nur durch ein gemeinsames und entschlossenes Handeln, Ringen und Beten um geistigen Beistand beizukommen, sonst ziehen sie immer weitere Teile in den Konflikt mit hinein. Weltweit toben diese Wesen heute zum Beispiel in Folter, Gewalt, Terror und Mord an recht vielen Orten, aber auch in den Gewaltverherrlichungen in nationalistischen und kriminellen Gruppierungen, ja, manchmal sogar bis in Fußballstadien und anderswo hinein.

In der Widder-Zeit diente der Krieg zur Eroberung, wie zum Beispiel bei Alexander dem Großen oder bei den römischen Cäsaren. Diese marsischen Eroberungskräfte sollten in der nachfolgenden Fische-Zeit verwandelt werden. Christliche Friedekräfte wollen allmählich immer mehr erstehen. Der Wille und die Freiheit des Anderen sind darin zu respektieren und zu achten. Ansonsten drängen vermehrt die dunklen Kräfte in unser Leben hinein.

Luziferische Geister liefern die Ideologien, zum Beispiel die des Nationalismus in Form der Blut- und Bodentheorie, die durchschaut und erkannt werden müssen. Wir sollen daran Weisheit erwerben, denn das Menschsein lässt sich nicht auf die leibliche Abstammung und Herkunft reduzieren. Das wäre eine luziferische Täuschung und Verblendung.

Die Liebe, eine echte, warme Herzensliebe, nicht nur eine Selbstliebe, sie schenkt uns die Kraft, auch für die „Feinde" beten zu lernen. Wir helfen dadurch mit, dass sie aus ihrer Unvollkommenheit, ihrer psychopathischen Charakterstruktur oder ihrer Besessenheit herausgeführt werden können. Die Stärke, also die Kraft und die Macht, sie soll im Dienste des Menschlichen stehen, dann wirkt sie gut.

Stärke im Dienst des Friedens! Krieg im Dienst des Friedens?

Sicherlich ist dies ein umstrittener Gedanke. Wenn die Weisheit und die Liebe dabei sein können, wird sich eine verfahrene Situation auch zum Guten hin wandeln.

Es geht also nicht um eine Verteufelung des Krieges. Wie man Krieg führt, mit welcher Haltung, mit welchem Motiv und für was, das ist letztlich entscheidend. Krieg ist nicht gleich Krieg.

Überhaupt sind die heutigen Zeitprobleme meistens so vielschichtig, dass sie gar nicht mehr so einfach mit einem Dafür oder Dagegen beurteilt werden können. Immerhin hat der Krieg im Kososvo gezeigt, dass eine technische Kriegsführung sich meistens auf bestimmte strategische und militärische Ziele beschränken lässt. Die Zivilbevölkerung kann weitestgehend verschont bleiben. Kein vermeidbares Blutvergießen und Morden soll geschehen.

Das Kainsmotiv in der Bibel kann sehr aufschlussreich sein, um die Frage des Tötens und der Gewalt etwas tiefer beleuchten zu können. War der Brudermord des Kain ein Handeln aus dem Affekt oder der Überlegung heraus? Wenn aus dem Affekt heraus gehandelt wird, wirken astrale Kräfte mit herein, also ist keine alleinige Schuld zuzusprechen. War die Tat wohlüberlegt, haben wir dafür die volle Verantwortung zu tragen.

Schuld verlangt jedoch eine Wiedergutmachung, persönlich und kollektiv. Dadurch bringt eine Schuld letztlich die Welt voran. Wer den Krieg und das Böse verteufelt, stärkt die kriegerischen und die Zerstörung herbeiführenden Mächte, die Asuras, nur noch mehr, denn wir laden unsere negativen Gefühle noch auf sie drauf. „Liebet das Böse gut", das heißt, wir sollen dem Bösen viel Liebe schenken, damit es sich zum Guten hin wandeln kann.

Sich den Frieden im eigenen Innern erringen, darum geht es letztlich bei allen Konflikten, wenn man sie wirklich lösen will. Wird der Friede in einem selbst gefunden, kann er allmählich auch im Außen erscheinen. Der Friede kommt von Gott. Dafür sollen wir aber auch kämpfen können, zuerst natürlich in uns selbst. Da müssen wir die Kräfte der Zwietracht, des Neides, des Hasses und des Zorns besiegen, das heißt wandeln, hin zu mehr Mitgefühl, Vertrauen,

Toleranz und Liebe.
Buddhisten und Pazifisten lehnen meistens die Gewalt ab. Ein Resultat, so könnte man meinen, ist die Unterdrückung Tibets, da sich die Tibeter nicht gegen den Einmarsch der Chinesen verteidigen wollten oder auch konnten. Das Christentum baut auch auf Stärke und Macht, wie dies vor allem geistig durch den Apostel Petrus, dem Fels, in der katholischen Kirche offenbar wurde, als sich das Christentum mit dem römischen Staatswesen verband. Dadurch konnte Europa bis heute einen christlichen Geist bewahren. Jedoch ist dies nicht allein das Resultat einer militärischen Stärke, sondern vor allem einer geistig-spirituellen Kraft, die schützend eine Aura ausbilden kann.

„Ich bin gekommen, um euch das Schwert zu bringen". Ja, mit dem Schwert kann man kämpfen und töten, das ist die eine Seite. Die andere Seite deutet hin auf die Erkenntnis- und Urteilskraft im Menschen, wofür das Schwert ein Symbol darstellt. Kämpfen wir mit dem Schwert nur im Außen, so werden wir irgendwann einmal von einem „Schwert" besiegt werden. Benutzen wir das Schwert des Geistes, die Kraft des Wortes, mit dem wir für das Gute kämpfen können beziehungsweise entwickeln wir eine starke Geisteskraft in uns, so kann uns das Schwert zum Sieg verhelfen. Mit dem Grals-Symbol des Schwertes können wir die „Feinde" in uns erkennen und sie dadurch in Schach halten. Dadurch gewinnen wir Macht über uns selbst.

Die größte Macht im Weltall ist jedoch die Liebe. Gott ist Weisheit, Allmacht und Liebe. Die Weisheit und die Macht teilte Gott mit der Schöpfung und uns Menschen, wo sie um der Freiheit des Menschen willen aber auch missbraucht werden können. Die Liebe ist und bleibt bei Gott. Sie kann nicht missbraucht werden, wenn sie mit der Weisheit verbunden ist. Wenn wir in der Liebe sind, wenn wir lieben, sind wir in Gott beziehungsweise ist Gott auch in uns.

Die Weisheit und die Kraft und die Macht, sie können durch die Liebe wieder mit Gott verbunden sein. Dann ersteht der Friede. Zuerst im eigenen Mencheninnern, von wo aus er in die Welt hineinleuchten, hinausstrahlen möchte. Dahin soll unser Weg gereichen können.

Seelisch-geistige Ursachen von Krieg und Gewalt

Die Gedanken zu diesem Kapitel entstanden hauptsächlich in der Zeit, als im Kosovo der Krieg ausbrach. Vieles, was damals im Äußeren geschah, wurde daraufhin versucht, bewusstseinsmäßig so zu durchdringen, dass die Erkenntnisse daraus für weitere, also für zukünftige gewalttätige Auseinandersetzungen und Zwischenfälle beziehungsweise auch zu deren Verhinderung verwendet werden können.

Dieser Krieg ist vorbei, aber die Probleme des Balkan wie auch des gesamten Europa noch lange nicht. So kann eine Aufarbeitung der Vergangenheit auch für die Lösung zukünftiger Konflikte, wie in neuerer Zeit in der Ukraine, hilfreich sein. Kriege wird es so lange geben, bis wir die Mechanismen und Hintergründe für das Ausbrechen von Gewalt verstehen und dann auch schon im voraus wandeln können. Dafür wollen die vorliegenden Gedanken eine kleine Hilfestellung leisten.

Ich bin mir durchaus bewusst, dass ich die Vielschichtigkeit solch eines Krieges und dessen weitere Entwicklung hier nur streifen kann, wobei zahlreiche Fakten, wie die Geschichte des Balkan, die soziale Struktur, die wirtschaftlichen Gegebenheiten und so weiter, hier gar nicht erwähnt und ausgeführt werden können. Mir geht es hier vor allem um eine seelisch-geistige Auseinandersetzung mit den Phänomenen, die eben während des Kosovo-Krieges zu beobachten waren.

Vordergründig ist zunächst die physisch-sichtbare Seite für ein Ausbrechen des Krieges. Da spielen Machtinteressen und vielfältiges menschliches Versagen mit hinein. Auf diesen Gebieten wird die Geschichtsforschung im Laufe der Zeit noch viel Ungesagtes zu Tage bringen können.

Die seelisch-geistige Seite eines Krieges sollte für ein ganzheitliches Verständnis jedoch immer mit herangezogen werden, denn die ist genauso mitverantwortlich für einen Krieg. Wenn nämlich in der astralen Erdaura zu viel negativ angestaute, astrale Energie durch die Menschen in einem bestimmten Land oder Gebiet entstanden ist, wie dies durch einen Volkshass, zum Beispiel im ersten Weltkrieg zwischen Deutschen und Franzosen geschah oder heute noch in Nord-Irland zwischen Religionszugehörigkeiten, im Baskenland oder im Nationalismus und Größenwahn des Nazireiches, im Judenhass und dergleichen mehr, so kommt es in der astralen Sphäre zur Auseinandersetzung mit den fortschreitenden geistigen Mächten, die die Welt in ihren vorgezeichneten Bahnen weiterführen wollen.

Wird diese negative astrale Energie, also die Energien aus Hass, Verleumdungen, Zorn und Wut, zu stark, auch weil sie mit dämonischen Wesen aufgeladen sind - und diese versuchen wollen in das Gebiet des Geistigen einzudringen, so drückt die geistige Welt unter der Führung des Zeitgeistes Michael diese Astral-Energien in den physischen Plan hinunter. Dort werden die führenden Menschen von diesen Astral-Energien zu ihrem Handeln inspiriert. Also führt letztlich der Kampf der guten Mächte mit dem Bösen in der Astralsphäre zum Krieg, wenn er energetisch bis in das Physische hinein durchschlägt.

Nur wenn die negativen Kräfte zu stark werden, die ihre Ursachen letztlich in den seelisch-moralischen Qualitäten der Menschen haben, geschieht eine Zurückdrängung dieser Energien bis in die physische Welt hinein. Der Krieg wird folglich auch von der geistigen Welt mit eingeführt. Er gleicht einem großen Gewitter. Auch ein Ehekrach zeigt im Kleinen, dass hinterher die Atmosphäre gereinigt und wieder sauber werden kann. Der Krieg ist also auch ein Erzieher für die Menschen und ein Ventil für viel angestaute negative Energie.

Diese Gedanken sollen und wollen den Krieg aber nicht verharmlosen. Wir laden alle Schuld auf uns, wenn wir unsere Aggressionen dem Anderen verletzend zuteilen.

Menschen, wie ein Franz von Assisi und eine Elisabeth von Thüringen, konnten durch ihre Moralität und Reinheit Kriege verhindern, das heißt, sie konnten so viel Licht in die Aura Europas bringen, dass sich die dunklen und negativen Kräfte darin nicht mehr inkorporieren konnten. Dadurch blieb Europa lange Zeit von feindlichen Attacken verschont.

Es tut eben Not, dass eine geistige „Elite", dass Menschen da sind, die den niederziehenden Tendenzen etwas Ausgleichendes, Heilendes und Reinigendes entgegensetzen können. Wenn jedoch sogar Künstler, Philosophen und Priester versagen, wird sich das Volk den finsteren Attacken auch nicht erwehren können.

Zudem lässt sich im Kosovo Krieg die kosmische Signatur dieses Konfliktes anhand von Planetenkonstellationen recht deutlich herausarbeiten. Dies soll hier aber nicht näher ausgeführt sein.

Bestimmte planetarische Konstellationen geben manchmal die Möglichkeit für das vermehrte Wirken von asurischen Gewalten und damit für kriegerische Handlungen. Sie bestimmen aber nur über die Menschen, die sich von ihnen verführen lassen und dadurch besessen machen können. Gewalttätige Geister wie die Asuras wollen nur zerstören und ziehen leicht alles Drumherum mit hinein. Ihnen geht es gar nicht darum, einen Krieg zu gewinnen. Dessen sollten sich die Politiker und Militärs einmal bewusst werden. Sie nähren sich von den Lebensenergien der Menschen, die im Krieg ihre Lebenskräfte durch Wunden und Verletzungen opfern müssen. Wer diese Wesen nur für ein Produkt menschlicher Phantasie oder irgendwelcher Hirngespinste halten will, die Filmindustrie oder auch auf Plattenhüllen von bestimmtem Musikgruppen sind solche Wesen recht deutlich beschrieben, aufgemalt und als dunkelmagische Gestalten aufgezeigt. Es ist sehr schwer, mit diesen Gewalten fertig zu werden, wenn sie einmal losgelassen sind. Man sollte deshalb zumindest nicht noch Öl in das Feuer gießen und Krieg mit Krieg vergelten wollen. Der Schutz und die Verteidigung der Schwachen ist notwendig, auch militärisch; es darf aber kein Angriffs- oder Eroberungskrieg daraus entstehen. Allein humanitäre Gründe und Hilfen schaffen einen Ausgleich zum despotischen Vorgehen der faschistoiden und machtgierigen Herrscher in manchen totalitären Ländern. Eine Lösung ist meist nur durch ein gemeinsames Ringen der Weltgemeinschaft möglich, wie dies im Nachhinein betrachtet im Balkan oder im syrischen Bürgerkrieg geschah und anderswo geschehen sollte. Ansonsten wären solche militärischen Konflikte leicht zu einem Flächenbrand ausgeartet. Da hat die UNO eine besondere Verantwortung – weltweit.

Der militärische Einsatz seitens der NATO beziehungsweise einer „Weltpolizei" kann nur als ein Akutmittel verstanden und akzeptiert werden, wie zum Beispiel mit Psychopharmaka oder Antibiotika in der Medizin bei schlimmen und akuten Erkrankungen in analoger Weise eingegriffen wird. Eine Heilung kuriert letztlich aber ein seelisch-geistiges und soziales Problem, das eben gemeistert werden muss.

Ein Erkenntnisringen und ein Handeln aus Liebe schaffen ein Gegengewicht und eine Sphäre, in der sich Asuras nicht mehr aufhalten können. Christliche Werte und Handlungen waren im Kosovo gefragt. In der immensen Hilfs- und Spendenbereitschaft, wie auch der inneren Anteilnahme der Menschen in Europa, sehe ich die hauptsächlichen Gründe, die eine Ausweitung des Balkan-Krieges verhindern halfen. Keine Rache- und Vergeltungsgedanken sollen aufkommen, denn das Böse kann dadurch nicht beeindruckt werden, ganz im Gegenteil, es wird dadurch nur vermehrt, denn es will ja nur zerstören. Der Hauptleidtragende eines solchen Konfliktes war und ist nämlich unser Planet: die Erde.

Nationalismus und Faschismus sind Ideologien, die die wirkliche Idee des Menschlichen, das individuelle Selbstbestimmungsrecht des Einzelnen verdecken und zunichte machen wollen. Daher ist gerade die Förderung der individuellen Bewusstseinskräfte durch ein freiheitliches Schulsystem und die Stärkung eigener kultureller Werte sehr wichtig. Wird das individuelle Freiheitselement negiert, sei es von staatlicher, kirchlicher oder wirtschaftlicher Seite, führt notfalls das Leid durch gesellschaftliche Krisen die Menschen zwangsläufig zur

Zerstörung beziehungsweise zur Wandlung überkommener Anschauungen und Weltbilder, die das freie Menschenwesen negieren wollen. In früheren Zeiten ordnete sich der Einzelne noch dem Ganzen, der Sippe, dem Stamm, der Familie, dem Volk, der Religion unter. Heute muss die Gemeinschaft dafür Sorge tragen, dass sich der Einzelne seinen Fähigkeiten entsprechend entfalten kann. Dieser Übergang ist meist nicht ohne Auflehnung, Aufbegehren oder Reglementierung zu schaffen. Darin zeigt sich kosmologisch gesehen eine Skorpion- und Plutothematik, wo eben Wandlung und Metamorphose, also ein Stirb- und Werdeprinzip angesagt ist.

Völker mit einer mehr marsischen Kräftedominanz, wo Männlichkeits-, Macho- und Eroberungswahnbilder stark vertreten sind, waren folglich auch von diesem Konflikt im Balkan besonders betroffen oder wurden mit hineingezogen. Mars ist der Aggressor, Pluto der Zerstörer und Wandler. Krieg hat letztlich nur den Sinn, Altes und Überkommenes, hemmende und blockierende soziologische Verhaltensmuster, also auch alte Standpunkte und Ideologien zu zerstören, damit neue Möglichkeiten wahr werden können.

Gegenseitige Achtung und moralische Werte wie die Toleranz und Großzügigkeit sollen immer mehr errungen werden. Rückläufige Planeten bringen kosmologisch gesehen zuerst aber einmal den Konflikt hervor.

Wichtig ist es für Europa unter diesen Gesichtspunkten, zukünftig vor allem auch die guten Volksgeistkräfte in Russland zu unterstützen, denn wenn dort der Volksdämon ein Übergewicht bekommen sollte, wäre dies fatal für Europa und die Welt. Daher sollten wir Europäer bemüht sein, zu Russland eine friedliche und partnerschaftliche Beziehung aufzubauen, zuerst auf kulturellem und zwischenmenschlichem Gebiet, dann wird die Politik auch nachfolgen können.

Die geistige Welt ist bei einem solchen völkischen Konflikt immer mit einzubeziehen. Die Kirchen wagten im Balkan einen Versuch der Begegnung. Orthodoxe, katholische, evangelische und islamische Geistliche versuchten einen Dialog. Dieser muss auch von Künstlern, Denkern und den besonnenen Kräften der beteiligten Völker geführt werden. Sie müssen anfangen mit dem Frieden. Der Friede muss von vielen gewollt sein, dann wird er auch kommen.

Achtung, Respekt und Toleranz den Anderen, auch den Fremden gegenüber: dies sind die Forderungen an unsere Zeit. Der gute Geist Europas ist dabei letztendlich herausgefordert. Sorats Angriff zielt auf das ganze Europa. Zeigt Europa einen christlichen Geist des völker- und religionsübergreifenden Verständnisses und Verhaltens, der das Böse nicht vernichten will, sondern wandeln, in dem es sich auf die wahren Werte des Menschseins besinnt, so kann Sorat, so kann das Verachtende und Zerstörerische überwunden werden.

Im Balkan trifft sich das orthodoxe mit dem katholisch-evangelischen Christentum und dem Islam. Daher ist diese Region ein großer Spannungspunkt in Europa und für die Zukunft deshalb sehr wichtig. An diesem Problem wird zwangsweise ein viel größerer Weltenteil beteiligt sein müssen

Die Politik kann dieses Problem langfristig gesehen auch nicht alleine lösen und das Militär schon gar nicht. Ein echtes Kultur- und Geistesleben hat erst die Werte und Qualitäten in sich, die einer Hilfe und Heilung zugute kommen können. Diese Werte dürfen in der Folge von den Politikern ins Reale umgesetzt werden.

Auf das Ganze der westlichen Welt angewandt, zeigen sich diese geistigen Impulse für eine gesunde Weltentwicklung in dreifacher Weise gegliedert. Der Westen und da allen voran die USA, treten für die individuelle Freiheit im Leben der Menschen ein. Der Osten und da vor allem die slawisch geprägten Staaten, haben die Aufgabe, einen brüderlichen Sozialismus auszubilden, wo das Wohl des Nächsten beziehungsweise das der gesamten Gemeinschaft zum eigenen Anliegen wird.

Mittel-Europa soll nun die Brücke bilden zwischen dem Gemeinsinn und dem Recht auf individuelle Freiheit beziehungsweise zwischen den Ländern, die diese Werte vertreten. Dies ist durch und in einer Rechtssphäre möglich, wo jeder Einzelne gleiches Recht vor dem Gesetz besitzt. Um die Gleichheit vor dem Recht anerkennen zu können, ist es notwendig, dass sich jeder Einzelne in seinem Ich als mündiger Mensch erfährt, denn dann kann man auch dem Anderen dieses Recht zugestehen. Europa ist der Schauplatz, wo sich das freie und mündige Menschen-Ich ausbilden soll.

Die anglo-amerikanischen Völker sind die Repräsentanten der Bewusstseinsseele. Die Bewusstseinsseelen-Instanz im Menschen soll zur Wahrheit hinstreben, denn in der Wahrheit, im Geist der Wahrheit sind beziehungsweise werden wir frei.

Die slawischen Völker haben die Brüderlichkeit, die Solidarität untereinander auszubilden. Aber nicht nur in ethnischen, nationalen oder sonstigen Zusammenhängen, sondern auf der Grundlage eines freien Ichs, wo dann jeder Mensch quasi seine eigene Gattung, sein eigener Zusammenhalt, eben seine Einzigartigkeit ist. Nicht mehr Gruppenzugehörigkeiten sollen allein den Zusammenhalt unter den Menschen bilden, sondern vor allem menschliche, humanistische Werte, die eben jedem Einzelnen zustehen. Daher braucht der Osten die europäische und die westliche Welt, wo eben diese freie Individualität hauptsächlich ausgebildet werden kann.

Tatsächlich sah und sieht es aber so aus, dass der slawische Raum und da gerade der Balkan und in neuerer Zeit die Ukraine und Russland, den Westen als Mahner, Helfer und strafenden Korrigierer benötigt, bis manche slawischen Völker das Recht des Einzelnen und im weiteren die Brüderlichkeit auch zwischen einzelnen Staaten und Völkern erlernen. Das ist ihr Weg. Lernen sie zu teilen, werden sie auch im Wohlstand leben können. Heute herrscht dort meist noch Korruption, Machtgebaren und Vetternwirtschaft.

Der westlich orientierte Kapitalismus kann dem Osten aber auch nicht zum Segen gereichen. Nur das freie Unternehmertum, das der Westen fördert, sollte auch im Osten Einzug finden können. Dafür kann der Westen vom Osten das soziale Element, die Verteilungsfrage übernehmen. So ist im Ganzen gesehen, immer auch eine gegenseitige Befruchtung sinnvoll.

Wir im Westen haben dem Osten daher nicht nur Bomben und den Kapitalismus zu bringen, sondern vor allem Ich-Kraft und moralische Werte. Dann erst können wir auf die Seelen dort in gesunder Weise einwirken. Wir bringen durch unser Menschsein etwas, das diese Völker brauchen. Dann erst kann und wird der Volksdämon auch dort seine Macht verlieren und der gute Volksgeist wird zum Wirken gelangen.

Der slawische Volksgeist wirkt durch ein brüderliches beziehungsweise durch ein geschwisterliches Verhalten und nicht durch Großmachtträume und nationalistische Identitätsverirrungen. Der slawische Mensch findet sich in der Hingabe an menschliche Werte der Güte, des Mitgefühls und einer sophianischen, weiblichen Demut und Reinheit erst wirklich selbst, so wie wir Mittel-Europäer uns in einem mündigen und selbstbestimmten Ich zu Hause fühlen können.

Nach dem Krieg beziehungsweise nach dem Schweigen der Waffen, beginnt die eigentliche Arbeit erst richtig. Der Krieg und der Wiederaufbau kostet viel und verlangt von allen sehr viel ab. Die Gefahr dabei ist, das Ziel, den Neuanfang, den Frieden und die Solidarität aus den Augen zu verlieren und sich weiterhin in Rache- und Machtdemonstrationen auszuleben. Es ist ein Kampf am Abgrund. Siegen die Kräfte des Hasses, des Verletztseins und der Rache oder die des Verzeihens, des Vergebens und des Wiedergutmachenwollens?

Dies ist eine Schicksalsfrage, die dem Einigungswillen in Europa gestellt und zugrunde gelegt werden muss.

Vom Speer des Schicksals

Aus der Grals-Strömung kennen wir sieben verschiedene Symbole für den Gral beziehungsweise Zeichen, die mit dem Gralsweg verbunden sind. Ich habe diese in meinem Buch: Auf dem Weg zum Gral – etwas näher dargestellt, so kann ich das hier nur sehr kurz anreißen.

Da ist zunächst das Schwert. Das Schwert ist ein männliches Grals-Symbol und steht für Kampf und Auseinandersetzung, aber auch für Mut, Klugheit, List, Initiative sowie für die Unterscheidungsfähigkeit und Erkenntniskraft. Es ist eben zweischneidig.

„Wer mit dem Schwert kämpft, wird durch das Schwert umkommen". Immer wird es irgendwann einmal einen Stärkeren oder Klügeren geben, der einen bezwingen kann. Das Entscheidende dabei ist, wer die Macht hat. Wie aber kommt man zu Macht und wie kann man sie behalten?

Der Speer ist ebenfalls ein Grals-Symbol. Er steht für die Macht, aber auch für einen Opferwillen. Wer den Speer hat, hat die Macht.

Wir können die persönliche Macht aus Überzeugung für die Wahrheit einem „Höheren" unterordnen und diesem dienen oder sie nach Außen wenden, um Andere unterdrücken beziehungsweise um persönliche Vorteile erhalten zu können.

Der Speer des römischen Soldaten Longinus tötete Jesus von Nazareth am Kreuz von Golgatha. Der Speer war damals also in den Händen der römischen Weltmacht. Das Welten-Schicksal weist diesen Speer einer weltlichen Macht zu beziehungsweise es versucht ein weltlicher Machtwille an den Speer heranzukommen.

Wir können den Speer nach Außen anwenden oder aber nach Innen. Jesus von Nazareth wurde durch eine weltliche Macht getötet. Der Einstichbereich war die rechte Seite, wo im Körper die Leber und die Galle liegen. Die Galle untersteht den Marskräften, dem Kriegerischen, wie auch den „Egokräften". Die Leber deutet auf Kräfte des Wohlwollens, des Mutes und der Hilfs-bereitschaft hin. Jesus hatte durch seinen freien Willen sein Ego, seinen Eigenwillen für die Menschheit hingeopfert. Sein Blut war rein und vom Christusgeist durchdrungen. Das rosenfarbene Blut trägt das ewige Leben in sich. Dieses Blut ist ein Quell für die Lebenssonnenkräfte der Erde und der Menschen. Es floss auf Golgatha also das geläuterte, durchchristete Blut in die Erde und in die Schale, mit der Joseph von Arimathia das Blut Christi auffing. Der Kelch empfing die Liebessubstanz des Grals.

Die Schale beziehungsweise der Kelch ist ein weibliches Grals-Symbol. Die Schale als innere Seelenhaltung ist die Trägerin der christlichen Liebekraft und offenbart sich in demutvoller und reiner Hingabefähigkeit in der menschlichen Seele.

Der Stein oder Kristall als weiteres Grals-Symbol ist wiederum weiblich. Der Stein wird zum Altar, auf dem sich das Ego, das niedere Ich hinopfern kann. So erst wird er zum leuchtenden Kristall, in dem sich die göttliche Weisheit offenbaren will.

Damit haben wir im Speer, im Stein, im Schwert und in der Schale eine irdische Ganzheit gefunden, die den Elementen Feuer, Erde, Luft und Wasser entsprechen. Im christlichen Mysterium folgen noch drei weitere Grals-Symbole und Stufen, die ich hier nur andeuten kann, da sie in meinem oben erwähnten Buch genauer beschrieben sind. Diese drei Stufen sind urbildlich in den Christus-Ereignissen an Ostern, an Himmelfahrt und im Pfingstereignis begründet worden. Ihre zugehörigen Symbole sind der Name, der auf dem Gral erscheint, die Taube und das Blut.

Die Taube steht für die kosmische Weisheit, die Kraft der göttlichen Sophia. Im geistigen Namen offenbart sich der kosmische Auftrag, das lebendige Wort. Im Blut, dem geläuterten, rosenfarbenen Blut zeigt sich die kosmische Liebeskraft selbst. Das Blut ist Zentrum und Essenz des Gral. Von ihm, dem Christus geht es aus.

Nun wollen wir uns aber hier noch etwas vertiefend dem Machtsymbol des Speeres zuwenden. Bei Richard Wagner heißt es in seiner Oper Parzival: „Die Wunde heilt der Speer nur, der sie schuf." Der Speer, der nicht mehr nach Außen, zum Erwerb von irdischer Macht in der Welt gerichtet ist, kann heilen, wie dies bei Amfortas durch Parzival in der Folge geschehen ist. Amfortas unterlag noch den triebhaften Ego-Kräften im Bereich des Sexuellen. Der Speer ist eben auch ein Phallus-Symbol. Überhaupt ist die Sexualität, wenn sie nicht geläutert und beherrscht wird, sehr leicht mit Machtbestrebungen verknüpft, wie dies heute psychologisch schon gut erforscht ist, vor allem durch die Arbeiten von Wilhelm Reich, Alexander Lowen und anderen.

In der Gralslegende ist der Speer sodann auch mit den dunklen Klingsorkräften verbunden. Klingsor will den Speer, die Macht für sich haben, ohne sich aber dafür innerlich läutern und veredeln zu wollen. Adolf Hitler hatte den Speer des Longinus in seine Obhut gebracht, wie zuvor schon ein Napoleon oder ein Friedrich Barbarossa. Heute ist er wahrscheinlich im Besitz der US-Amerikaner.

Der Speer beinhaltet eine Versuchung und eine Prüfung. Wer mit dem Speer nur auf äußere Macht aus ist, wird vom Welten-Schicksal dafür in Verantwortung gezogen, wie das zum Beispiel bei Napoleon und Hitler zu sehen war.

Geistig gesehen geht es um den Speer im Inneren, wenn wir nämlich Macht über uns selbst erlangen, in der Sexualität und im Eigenwillen. Dadurch wird der Speer zum Symbol eines Opferwillens. Parzival konnte schließlich seine Egokräfte für ein Höheres, für den Gral hingeben und opfern.

Klingsorkräfte greifen da an, wo das Ego unrechtmäßig wirken will, nämlich heute über den Nationalismus, Rassismus und Sexismus, denn darinnen kann das Ich gefangen werden und untergehen. Als Ideologie wirkt dabei Luzifer mit hinein.

Was in früheren Zeiten vielleicht gut und notwendig war, wie die Ausbildung von Rassen und Nationen, ist heute meistens behindernd und lähmend für die seelisch-geistige Entwicklung eines freien Ichs. Wir müssen eben von einer alten Bluts-Ideologie zur Idee und zur Selbstsetzung des freien Ichs hingelangen können. Das Ich kann sich nur im Individuellen richtig entwickeln, wenn es sich selbst bestimmen kann, nicht mehr über Blut- und Abstammungsverhältnisse wie in früheren Zeiten. In einem freien Ich gründet ja gerade die Gralsidee, wenn das menschliche Blut von animalischen, gruppenseelenhaften und egoistischen Kräften gereinigt und befreit ist und so zum Träger für ein kosmisches Ich-Prinzip, für das höhere Ich werden kann. Der Christus befreit das Ich von vererbten und leiblich orientierten Blutkräften im Innern, wenn wir uns ihm zuwenden wollen.

Das Ego, der Eigenwille entsteht durch die Anhaftung der Persönlichkeit beziehungsweise des niederen Ichs an die Materie, an die Dinge dieser Welt und an die leiblichen Bedürfnisse und seelischen Anziehungen, also auch an die Verlockungen und Versuchungen in der irdisch-sinnlichen Welt. Das innere individuelle Ich, das „Ich bin", kann frei sein oder allmählich frei werden von den materiellen und leiblichen Bedingungen und Bedrängungen. Denn es gründet ursprünglich im Geistigen, im sogenannten Ebenbild Gottes, im göttlichen Wesen, das als Keim in jedem Menschenherzen ruht.

Das Gleichnis Gottes ist die menschliche Persönlichkeit. Sie soll einmal Gott gleichen, so dass die menschliche Persönlichkeit beziehungsweise das irdische Menschen-Ich und das wahre, ewige Gottes-Ich in der menschlichen Seele einmal eine Einheit werden bilden können. Die Persönlichkeit, also das niedere Ich und die menschliche Seele, sie sollen sich in Freiheit dem Geiste zuneigen. Dies geschieht durch einen Läuterungs- und Opferwillen, mit dem sich der niedere Mensch, das Ego, dem höheren Leben selbst hingeben und opfern kann. Dies ist der innere Speer. Nur allein, ohne Hilfe von Oben, ohne göttliche Gnade wird dies nur sehr schwer zu erringen sein.

Das Ich in seinem Kern ist ewig. Es kann sich zur Schale für den göttlichen Geist umbilden. Der geistige Name des Ichs beziehungsweise das Wesen und der Auftrag, die geistige Aufgabe für dieses erscheint auf dem Gralsweg in einem „Stein", der als Altar für das göttliche Liebesmahl dienlich ist. Der sogenannte Stein der Weisen verbindet das Irdische mit dem Himmlischen, das Weibliche mit dem Männlichen, den Mond mit der Sonne, das niedere Ich mit dem höheren Ich und so weiter. Schale und Stein sind die weiblichen Symbole des Gral. Der geistige Name, der im Gral erscheint, ist das dritte männliche Symbol, so wie die Taube das dritte weibliche Symbol darstellt. Alle Symbole und Attribute dienen und führen zu dem siebten Symbol oder Zeichen, dem göttlichen Blut, der Substanz des Grales selbst.

Der Speer verbindet Unten und Oben in einem heilsamen Sinne im Menscheninnern oder eben Innen und Außen in einem weltlichen Sinne der Macht. Im Kosovo-Krieg war zum Beispiel die westliche Welt, die NATO gefragt und damit auch geprüft. Dies glich einer Menschheitsprüfung. Gebraucht sie die Macht für höhere, geistige und humanistische Ziele, in dem sie egoistische Neigungen und eigene Machtbestrebungen opfert, so wird die Speerkraft zum Heile wirken. Am Exempel des Balkan wird sich erst in weiterer Zukunft zeigen, ob die Entwicklung dort zum Heil oder nur zur Machterweiterung der westlichen Welt gereicht, ob wirklich ein vereintes Europa entstehen kann oder ob sich der Westen nur in die übrige Welt ausbreiten möchte.

Kämpft die westliche Welt nur mit der Außenseite des Speeres, wie eben zunächst im Kosovo, im Irak, in Libyen oder Afghanistan, um dort Macht und Einfluss, Bodenschätze und neue Arbeitsaufträge für die Rüstungsindustrie zu gewinnen?

Im Nachhinein betrachtet bombten die Alliierten oftmals recht sinnlos drauf, was zivile Opfer, unnötige Tötungen und Schäden an der Natur hinterlässt. Das „Böse" in der Welt konnte so nicht beseitigt werden, denn es ersteht an anderen Orten immer wieder neu. Es gibt viele Klingsors. Sie wollen sich meist nur bereichern und die Bevölkerung in Abhängigkeiten halten. Gerade Menschen in wichtigen Positionen sind natürlich auch besonders stark umkämpft und damit der Gefahr unterlegen, Macht missbrauchen zu können. Das Entscheidende dabei ist schließlich doch, welche Macht zuletzt die Oberhand gewinnen kann. Ein politischer Führer wird von vielen Interessensgruppen und Lobbyisten tangiert. Es nützt für eine gesunde und friedvolle Entwicklung nicht viel, wenn wir den dunklen, bösen Feind des öfteren in Amerika oder in einem anderen Land, also im Außen ausmachen wollen. Gerade die Verhältnisse und Beziehungen Europas zu den USA, zu China, Russland und anderen Ländern sind sehr vielschichtig und sollten daher sehr behutsam und achtsam beziehungsweise sinnvoll und freundschaftlich angegangen werden.

Europa soll und muss sich auf seine eigene Bestimmung besinnen. Es soll den Speer nach Oben richten und damit die Schale der Demut, der Reinheit und der

Liebe tragen können. Diese Bestimmung will gelebt sein, denn Europa ist Gralsgebiet. Daran sollten wir uns erinnern und unsere Energien hinlenken

Hätte Europa am Anfang des 20. Jahrhunderts seine geistige und kulturelle Aufgabe gelöst, was vor allem Deutschland beziehungsweise Mittel-Europa betrifft, wie dies hauptsächlich durch und in Rudolf Steiners Anthroposophie und dem allgemeinen Kulturimpuls Mittel-Europas in der Kunst, in den Idealen der Wandervogelbewegungen, in den gesellschaftlichen und sozialen Impulsen eines menschlichen Sozialismus und der sozialen Dreigliederung möglich gewesen wäre, so hätte das Böse im zweiten Drittel des Jahrhunderts nicht so mächtig wirken können. Sogar der erste Weltkrieg hätte nicht sein müssen, wenn vorzeitig Militarismus, Nationalismus und Rassismus in die freie Ich-Kraft umgewandelt worden wäre.

Parzival lernte, die Kundry-Kräfte der leiblichen und selbstsüchtigen Verführungen zurückzuweisen. Kundry steht im Dienste des Klingsor. Amfortas wurde von Kundry verführt und konnte dadurch von Klingsor mit dem Speer verwundet werden, den dieser dem Amfortas zuvor entreißen konnte.

Wie weit lässt sich Europa noch von den Kundry-Kräften, von den egoistischen Begierden und Verlockungen verführen? Die wilden zwanziger Jahre des letzten Jahrhunderts versanken im Hochmut, im Rausch und im schönen Schein. Die geistigen Impulse vom Beginn des 20. Jahrhunderts wurden somit abgewürgt und umgeleitet. Der zweite Weltkrieg musste daraufhin neue Weichenstellungen herbeizwingen. Wir haben dadurch noch bis heute die Folgen davon zu tragen.

Ein Krieg mahnt zur Läuterung und Einkehr. Europa steht in unserer Zeit der vielen Kriege weltweit, aber sicher auch noch in der weiteren Zukunft auf dem Spiel, nicht so sehr Amerika oder die asiatischen Großmächte. Und sei dies nur durch und in einem globalen Wirtschaftskrieg. Ein spirituell sich ergreifendes Europa soll von bestimmten Kräften mit allen Mitteln verhindert werden. Das ist das Ziel der linken Hierarchien und ihren dunklen Logenvereinigungen auf der Erde.

Wir Europäer müssen daher dringend unsere eigenen Werte und unsere geistigen Wurzeln finden und bewahren. Der Feind im Außen kann nur überwunden werden, wenn er zuvor im Innern besiegt worden ist. Dann hat Klingsor keine Macht mehr über uns. Der Speer gereicht zum Heil.

Eine karitative Einstellung ist dabei sehr wichtig. „Durch Mitleid wissend, der reine Tor". Ein liebevolles Herz ist entscheidend. Dieses bildet erst die Schale. Im menschlichen Herzen gründet das geistige Ich, das göttliche „Ich bin". In die Schale des Herzens kann das Blut Christi einfließen. Die Liebe Christi im Symbol des Blutes und die Weisheit der göttlichen Sophia im Symbol der

Taube können in dieser Schale, in diesem Kelch des Herzens Wohnung nehmen.

Ganz Europa bildet einen Leib. Der Auferstehungsleib des Christus kann auch hier als ein Ziel angesehen werden, in dem sich Europa, in dem sich die Menschen in Europa darin einleben können. Europa war schon zweimal zertrümmert. Todeskräfte nahmen Überhand. Die Idee eines vereinigten Europas ist einem Auferstehungsprozess vergleichbar. Dazu musste zuvor aber viel Altes, Unvollkommenes und Einengendes sterben.

Ein Opferwille wandelt und heilt. Vom Speer des Eigenwillens zum Blut des höheren Lebens und der Liebe geht der Weg zu den Sphären geistigen Seins, woraus wir unsere Ideen und Ideale empfangen können. Dies ist der Weg zum Gral. Er ist für Europa vorgezeichnet. Ihn sollen wir suchen und gehen, in der Kultur, in der Politik und in wirtschaftlichen Angelegenheiten bis in den Alltag hinein.

Von der spirituellen Signatur Europas

Wenn man die geographische Signatur Europas als einen Leib erkennt, so weist zum Beispiel die Region des Balkan auf den Sexualbereich als analoge Körperregion hin. Man kann Europa durchaus als ein lebendiges Wesen betrachten, das eine kosmisch-physische Einheit bildet. (Siehe dazu die folgende Abbildung).

Mittel-Europa beziehungsweise die deutschsprachigen Länder, sie stellen die Mitte, das Herz dar, so wie dies kosmologisch den Sonnenkräften entspricht. Im Westen ist das Haupt mit seinem rationalen Verstandesdenken, im Süden sind die vitalen Stoffwechselbereiche, im Norden finden wir die Elemente der Klarheit, der Ruhe und der Vernunft und im Osten Europas wird der Übergang zu der großen Mutter Asien geschaffen, auf der Europa mit den Füßen steht und darauf seinen Halt finden sollte, auch im Geistigen.

Auf der unten angeführten Karte ist nun gut zu erkennen, dass sich im Balkangebiet eine Begegnung von planetarischen Kräften ereignet, die mehr die animalischen, triebhaften Naturkräfte spiegeln (Mond, Mars und Venus). Am Problempunkt Balkan kommen also verschiedene Kräfte, Ethnien und Religionen zusammen, wo es deshalb eine wichtige und schwierige Aufgabe ist, durch menschliche Werte eine Verbindung zwischen den Differenzen und Abgründen aufbauen zu können.

Im Balkan begegnet sich auf religiösem Gebiet der Islam, die christliche Orthodoxie und die katholische Kirche. Zudem sind planetarische Einflüsse vorhanden, die mehr die unteren, leiblichen und egoistischen Bereiche im Menschen ansprechen, also die Triebkräfte (Mars ♂), das kollektive Seelenleben (Mond ☽) und die irdischen Liebeskräfte (Venus ♀). Ohne die Kraft der Sonne (Ich-Prinzip ☉) kann nur sehr schwer eine Vermittlung, ein Ausgleich und eine Heilung dieser oftmals bedrängenden Kräfte geschehen. Vom Westen, also aus den anglo-amerikanischen Ländern ist die große Richtung, aber auch die Korrektur (Saturn ♄) und von Frankreich her das rechte Maß (Jupiter ♃) einzubeziehen. Die Vermittlung (Merkur ☿) im Balkan kam vor allem vom Norden durch den damaligen finnischen Präsidenten.

Die planetarische Signatur Europas:

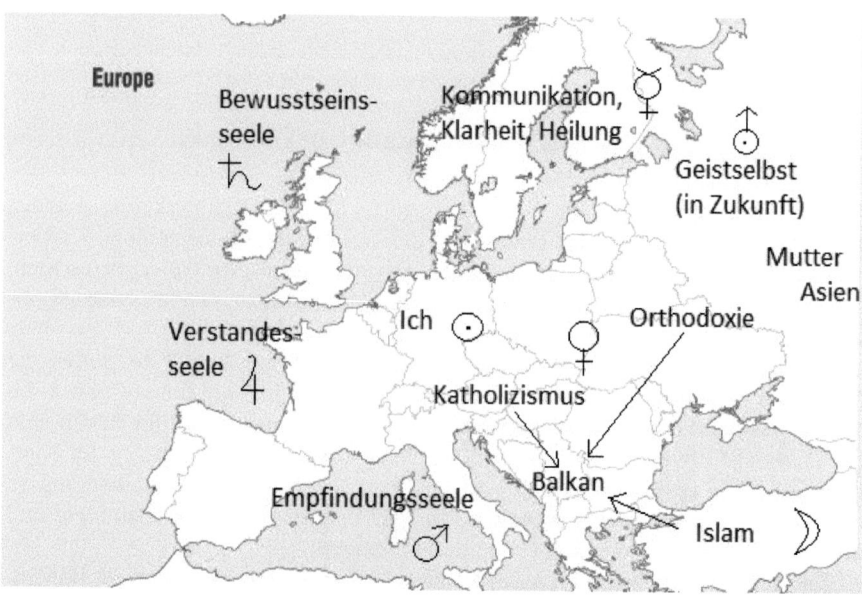

Eine widersacherischer Angriff auf Europa wirkt vom Westen her durch Ahriman über das Geldsystem und eine kalte Technik. Luzifer wirkt da mehr im persönlichen Egoismus, also in den Verlockungen aus Selbstgenuss, Konsum und Rausch.

Vom Osten her erfolgt eine luziferische Attacke über falsche Ideologien und durch Ahriman über eine totalitäre Staatsmacht.

Mittel-Europa selbst wurde im Nazireich von den soratischen Dämonen heimgesucht. Diese wollen das freie Ich vernichten. Manchmal kommen jedoch alle widersacherischen Kräfte, aber auch verschiedene Religionen, wie eben im Balkan-Konflikt zusammen. Daher ist dort auch heute noch eine geistig-spirituelle Aufarbeitung angesagt beziehungsweise auch gefordert.

Viele Zeitgenossen in Europa meinen zum Beispiel auch noch in unseren Tagen, der Islam hätte in Europa nichts zu suchen und Europa müsste christlich bleiben. Manche Kreise, auch in der katholischen Kirche, meinen da noch weitergehend, die Welt wäre in einem missionarischen Sinne zu evangelisieren. Die Hauptaufgabe des Christentums ist es aber, Toleranz zu entwickeln, denn dann kann es auch noch von jeder anderen Religion etwas dazulernen und so die eigenen Einseitigkeiten abbauen.

In der Orthodoxie ist ein Keim gelegt für ein Christentum von Unten, während die katholische Kirche streng nach hierarchischem Prinzip von Oben durch ihre Dogmen die freie Individualität des Einzelnen begrenzen möchte. Und der Islam hat mit seinen fundamentalistischen und manchmal aggressiven Tendenzen wenig Möglichkeiten, in der westlichen Welt anerkannt zu werden, vor allem auch noch, wenn der Islam meint, die „ungläubige Welt" durch Kampf, durch einen „heiligen Krieg" bekehren zu müssen.

Eine Verbindung und eine Verständigung dieser religiösen Verschiedenheiten ist meines Erachtens vor allem durch die Erkenntnisse und Impulse eines esoterischen Christentums gegeben, das die Wahrheit und das Gute in jeder Religion erkennt und die Möglichkeit besitzt, die Klingsormächte zu durchschauen, nicht nur in der Politik, sondern auch in der Religion, in der Wissenschaft, in der Wirtschaft und selbst in der Kunst.

Vom Westen kommt Ahriman. Er will mit Technik und Macht die Oberherrschaft, letztlich über die gesamte Menschheit gewinnen. Im Osten wirkt verstärkt Luzifer durch alte Ideologien und gruppenseelenhaften Zusammengehörigkeitsgefühlen hemmend und drohend in nationale und patriotische Konflikte hinein. In die Mitte will Sorat zerstörend einwirken, wie dies in Deutschland im Dritten Reich geschah und in jüngster Zeit eben im Balkan oder an anderen Orten weltweit, wo sich Ideologien mit gewissen Machtbestrebungen paaren. Die freie Ich-Kraft soll dadurch korrumpiert werden. Der Einzelne, das sich selbst bestimmen wollende freie Ich, wird darin zum Opfer eines Gruppenschicksals, das ist auch ein Krieg.

Diese Ich-Substanz will von der Mitte aus in alle Teile und Gebiete Europas fließen können, so wie das Blut vom Herzen aus den übrigen Körper durchdringt und speist. Liebekräfte können und sollen ichhaft, das heißt selbstgewollt fließen. Sie sollen ausgleichen, vermitteln und alle Teile mit den Kräften des Guten versorgen. Ein Impuls für diplomatische Gespräche im Kosovo Krieg ging Gott sei Dank von Mittel-Europa aus. Wir konnten uns gerade noch auf die eigene Kraft und Substanz besinnen.

Im Osten Europas soll sich in der Zukunft das Geistselbst, das Manas-Prinzip, also auch ein höheres Bewusstsein ausbilden, das in der Wahrheit lebt und mit ihr eine Einheit bildet. Der Geist erfasst die Wahrheit. Russland soll sich dem Geiste öffnen.

Von Luzifer, dem Verblender und Täuscher, geht ein Zukunftsweg zur Sophia, so wie dies einige russische Denker schon prophezeit haben.

Im Balkan soll vermehrt der Christus, die Menschenliebe wirken können. Ein spirituelles Christentum besitzt die Möglichkeit zur Heilung, weil es nicht ausgrenzt, sondern verbindet. Nicht durch Gewaltakte, sondern viel eher durch Zuwendung und Liebestaten kann den Balkanvölkern, wie auch in anderen Krisengebieten auf der Erde, geholfen werden. So wird das Christentum in Europa esoterisch, das heißt, nicht mehr die Konfessionen und Glaubensanschauungen bestimmen und entscheiden, sondern allein das menschliche Handeln – und dies heute weltweit.

Der Speer des Opferwillens weist den Weg. Das Dunkle und Abgründige, das Verführerische und Gewalttätige ist zu verwandeln. Töten und zerbomben können wir es nicht. Unsere Erkenntnisarbeit und unsere Liebestaten verwandeln mit der Kraft eines Opferwillens, eben mit dem heiligen Speer. Damit kann allmählich auch eine Heilung des Schicksals geschehen. Innere Macht und äußere Taten beziehungsweise Gegebenheiten können so zusammen kommen.

Die Politik und das Militär sind äußere Attribute, die das Innere spiegeln. Sie dienen also zunächst der Selbsterkenntnis, welche seelisch-geistigen Kräfte in Europa und anderswo überwiegend wirken. Das Volk hat meistens die Führer, die es verdient, das heißt, diejenigen, die am ehesten eine Weiterentwicklung garantieren, auch wenn dies manchmal mit Schmerz und Leid verbunden ist. Jedoch sollen viel eher christlich-menschliche Werte und eine humanistische Kultur das Innen und das Außen leiten und bestimmen können. Dann müssen nämlich die Klingsormächte weichen.

Noch kämpfen wir in manchen Kriegen gegen den eigenen Schatten, den wir nach Außen projizieren, weil wir den inneren noch nicht genügend wahrgenommen und gewandelt haben, wie zum Beispiel in manchem Kampf gegen Terror und Gewalt. Es sind unsere egoistischen Seelenkräfte, zum Beispiel im Umgang mit der Erde, mit dem Geld, mit dem Mitmenschen und mit der eigenen Leiblichkeit, die wir erkennen und wandeln sollen – in uns, denn dann brauchen sie nicht mehr im Außen erscheinen.

Im Balkan und anderswo fand und findet vor allem ein Krieg gegen die Erde statt. Da ist ein direkter Bezug zur eigenen Leiblichkeit gegeben, die wir oftmals ausbeuten und mit allen möglichen giftigen Substanzen schädigen, bloß weil wir uns der eigenen Natur entfremdet haben. Und wo üben wir durch unseren Raubtierkapitalismus überall einen Schaden an, durch Ausbeutung, Lohndumping und einer immensen sozialen Schieflage? Und wo verherrlichen wir Gewalt in Film und Freizeitindustrien? Alles, was wir von uns geben, kommt irgendwann auch wieder auf uns zurück.

Das freie Ich kann den Weg zum Geist beschreiten – zum Geist der Wahrheit. Wo bleibt dieser denn in einem äußeren Krieg? Wo ist darin das freie Ich, das sich in der Wahrheit finden will? Das sind Fragen an Militärs, an Politiker, an die Vertreter der Kultur und an uns alle.

Wann beginnen die Kulturschaffenden und aufgeklärten Menschen sich über nationale, ethnische, religiöse und geschlechtliche Differenzen und Grenzen hinweg auf allgemeinmenschliche Werte einzustimmen? Wo ist die freie Kraft des menschlichen Ichs?

Dieses soll sich behaupten lernen gegen alle Verlockungen und Manipulationen, die es begrenzen und verführen wollen. Mit dem Feuer der Begeisterung und der Macht des Speeres, des Opferwillens, erreicht es sein Ziel: den lebendigen Geist, die unerschöpfliche Quelle echter Freiheit.

Wir können frei werden von äußeren und inneren Bedrängnissen und wir können frei sein für eine selbstbestimmte und notwendige Tat, die dem Wohle des Ganzen dient und nicht nur den eigenen persönlichen Bereicherungen.

Durch und über die Qualitäten der Demut und der Ehrfurcht, wie sie vor allem in den Ostmenschen als geistige Potenzen vorhanden sind, kann das Ich zur Wahrheit geführt werden. Der Geist der Wahrheit verbindet über alle individuellen Unterschiede hinweg. Dies wird das zukünftige Weltenschicksal immer mehr lehren. Im Balkan hat es bereits begonnen und uns eine erste ernste Prüfung erteilt.

Anfangs konnte in diesem Balkankrieg das militärische Eingreifen zum Schutz der albanischen Bevölkerung noch einigermaßen mitgetragen werden. Aber das Böse in der Welt kann mit Krieg nicht besiegt werden, sonst könnte ja der Teufel den Satan austreiben. Stärke war aber trotzdem angesagt, um das serbische Volk aus seiner verhärteten Nationalismus-Ideologie herauszureißen. Luzifer wirkt auch in der Ideologie des Pan-Slawismus, der in seiner Weltanschauung ein Gegenbild einer echten Brüderlichkeit darstellt, wie diese vor allem in der slawischen Kultur entwickelt werden soll.

Sorat und die Asuras können vor allem in Ländern zerstörend und Gewalt verbreitend wirken, wo Menschen und ganze Völker gefährdet sind, weil sie ihr Aggressionspotential, die Mars-Energie und ihr Durchsetzungsvermögen, die plutonische Energie, noch nicht zum Guten hingelenkt haben, wo diese Energien also meist noch dumpf im Seelensein und damit unkontrolliert, noch nicht vom Ich beherrscht, ihre eigenen Wege gehen können und somit von den Widersachern für deren Zwecke missbraucht werden können.

Vor dem ersten und zweiten Weltkrieg waren die Menschen in West- und Mittel-Europa noch sehr militaristisch eingestellt. Das steigerte sich bis zum Größenwahn und musste vom Weltenschicksal durch viel Leid und große Opfer gezügelt werden. Das heißt aber nicht, dass die Schicksalsmächte einen Krieg beginnen wollen. Es sind die Widersachermächte, die zu Gewalt und Hass aufstacheln. Diese sind aber um der Freiheit des Menschen willen zugelassen. Wir haben es also selbst in der Hand, welchen Geistern wir uns ausliefern wollen.

In der zweiten Jahrhunderthälfte konnte erst nach dem totalen Zusammenbruch eine richtige Friedensbewegung in Europa entstehen, die dann noch viel Schlimmeres verhindert hat. Die ganze sinnlose Aufrüstungsspirale hat dadurch ein Ende beziehungsweise eine Mäßigung gefunden.

Heute sehen immer mehr zeitkritische und wache Menschen den Drang nach der Weltherrschaft in den Machtzentren der USA gelegen. Sicherlich gibt es auch in bestimmten Logen und Geheimbünden Strategien, die zum Beispiel die Ostgrenze Europas immer weiter nach Osten verschieben wollen. In den neuen Eroberungen geht es dann vor allem um strategische Stützpunkte und dem Kampf um Rohstoffe. Die NATO erweiterte sich während der Zeit des Kosovo-Krieges und nahm Polen, Tschechien und Ungarn auf. Die baltischen Staaten, die Ukraine, Armenien und Georgien sollen nach diesen Plänen später noch hinzukommen. Das Krisengebiet Balkan ist solchen Plänen natürlich hinderlich und soll deshalb auch in Einbeziehung von Waffengewalt stillgehalten werden. Langsam will man sich dann an asiatische Gebiete heranmachen, wo es noch viele Bodenschätze gibt. Zuletzt soll der American Way of Live eine weltweite Ausbreitung erfahren können. Das braucht jedoch nicht immer militärisch absolviert werden. Heute tobt zunehmend ein Wirtschaftskrieg, in dem sich einzelne Staaten immer mehr in wirtschaftlichen und finanziellen Abhängigkeiten von den Großbanken, Finanzunternehmen und Riesenkonzernen wiederfinden. Die gesamte sogenannte Elite-Globalisierung geht in diese Richtung, wodurch der Einzelne nur noch dem Geld hinterher jagen soll und dabei in seinem individuellen Handeln immer ohnmächtiger werden kann.

Ahriman will sich inkarnieren und die Weltherrschaft an sich reißen. Er wirkt vom Westen, von den angloamerikanischen Ländern aus. Indirekt arbeiten

Ahriman und Sorat in manchen Kriegen zusammen. Die Erde wird zerstört und der Westen gewinnt meistens an Macht und Einfluss. Jedoch, in den islamischen Staaten des Orients scheinen die Hindernisse doch ins Uferlose zu wachsen beziehungsweise scheinen diese nicht so leicht von amerikanischen Interessen vereinnahmt werden zu können. Aber auch die Pläne der linken Bünde sind auf lange Zeiten ausgerichtet. Da werden sich zukünftig noch manche Konflikte auftun. Wo bleibt dabei aber Europa? Soll es nur als Vasall den amerikanischen Interessen dienen? Oder gibt es eigene Impulse in der Politik, in der Wirtschaft und im Geldwesen? Wo zeigt sich ein michaelisches Handeln?

Die karitative Haltung, das Herz ist meistens da. Das hat uns auch schon immer vor schlimmeren Ausweitungen bewahrt. Eine tiefere Erkenntnis der politischen und geostrategischen Zusammenhänge wird aber meistens vertuscht. Eine einseitige Gut-Böse Darstellung soll oftmals das Motiv für ein kriegerisches Handeln legalisieren. In einer solchen Sichtweise wirken aber nur die intellektuellen Haupteskräfte. Ein Schwarz-Weiß beziehungsweise ein Freund-Feind Denken führt zu keinem Heil. Eine Suche nach der Wahrheit und das Erkennen der Umstände und Ursachen bringt dagegen Licht in das ganze Geschehen.

Michaelisches Wirken bedeutet: Herz und Haupt zusammen zu bringen. Folglich sollen unsere Taten aus Weisheit und Liebe erfolgen. Christliche Werte der Toleranz und Nächstenliebe, ja sogar der Feindesliebe, sollen stärker werden. Damit kann sich Europa vor den vielfältigen Anfechtungen am allerbesten schützen.

Die Kirchen besinnen sich teilweise auf ihre ursprünglichen Werte und finden hoffentlich einmal eine gemeinsame Haltung, um den niederziehenden Tendenzen genügend moralische Werte entgegensetzen zu können. Ein gewisser Aufbruchsgeist von unten, von den den einfachen Mitgliedern ist da an vielen Orten schon zu spüren. Nur die leitenden „Funktionäre" haften noch sehr an institutioneller Macht und alten Strukturen. Bei den Künstlern wirkt heute oft noch eine persönliche Eitelkeit recht hemmend, um dem Abgründigen etwas wirklich Positives entgegensetzen zu können. Andererseits werden oftmals die unguten und krankmachenden gesellschaftlichen Entgleisungen eines bestimmten Zeitgeistes aufgezeigt, wie in manchen Theaterstücken, Filmen, Bildern und Musikkompositionen. Mich erinnert der geschichtliche Lauf in unseren Tagen sehr stark an Vladimir Solofieffs Schrift: Kurze Erzählung vom Antichrist – wo in prophetischer Weise die Vorgehensweise des ahrimanischen Weltgeistes erhellend geschildert wird.

Wir sollen das Böse aber nicht verteufeln. Auch nützt es nichts, nur mit dem

Zeigefinger auf die dunklen Brüder in Amerika oder sonst wo hinzudeuten, denn das würde ihre Macht nur verstärken. Es gibt überall, auch in Amerika sehr gute Impulse, was zum Beispiel die Freiheit des Einzelnen betrifft oder auch im slawischen Raum, wo sehr viele zwischenmenschliche Zuwendungen viel Übles ausgleichen können. Da helfen und halten die Menschen noch viel stärker zusammen, als bei uns in der westlich kapitalistischen Welt, wo meist jeder nur noch für sich und die seinen tätig wird.

Welche Mächte nun in der Zukunft in den USA oder in Russland die Oberhand gewinnen, ist noch offen. Die politischen Führer sind von verschiedenen Interessensgruppen umworben und werden zudem vom eigenen Gewissen und dem persönlichen Umfeld und Ziel bestimmt. Zu behaupten, sie seien die Handlanger dunkler Mächte, macht sie eher zu diesen.

Ein Krieg bricht ja nur da aus, wo eine dunkle astrale Atmosphäre in der Erdaura vorherrscht. Dadurch können bestimmte Dämonen in solch einer gewachsenen, von Menschen bewirkten Aura kollektiv einwirken. Werden diese Einflüsse zu stark, das heißt, wird die dunkle und aggressive Energie zu mächtig, könnte sie in die rein geistige Welt durchbrechen. Zum Schutz dieser Welten müssen die geistigen Wesen unter der Führerschaft des Zeitgeistes Michael die dunklen und dämonischen Kräfte zurückdrängen, wobei sie in der ätherischen und elementarischen Welt Unwetter und Naturkatastrophen auslösen können oder auch bis in das physisch-soziale Leben und Zeitgeschehen der Menschen zurückgetrieben werden können. Da wird es dann immer Persönlichkeiten geben, die für solche Energien empfänglich sind und somit einen Krieg auslösen können. Also können wir Menschen an solchen negativen, astralen Energien auch krank werden, es können Epidemien entstehen oder ähnliches. Das Leid gleicht aus, es kann dadurch oftmals viel schneller eine Bewusstseinsänderung und eine neue, gesunde Lebensweise gefunden werden.

Unter karmischen Gesichtspunkten muss jedoch auch an die Menschengemeinschaft gedacht werden, die dann einen solchen Krieg „verdient". Da spielen sicherlich auch Verfehlungen aus früheren Leben und Zeiten mit herein. Viele Menschen, die damit gar nicht direkt beteiligt sind, werden benötigt, um ein solch schweres Karma lösen zu können. Durch die Hilfe und das Mitgefühl der Unbeteiligten, also von Menschen aus anderen Ländern, kann die dunkle Aura gelichtet werden. Gebete, Spenden, die Aufnahme von Flüchtlingen und anderweitige Hilfen lindern die Not.

Der Schmerz, das Leiden und die helfende Gemeinschaft sind starke Kräfte, um mit den Widrigkeiten des Lebens fertig werden zu können. Der Opferwille, ein Loslassenkönnen der persönlichen Egoismen und Kleinheiten, die Hingabe an das reine Leben, das Mitgefühl und die Hilfe für die Armen und Geschändeten, sowie die Erkenntnis der Wahrheit bringen uns geistig voran. Diese Kräfte verwandeln von innen her Mensch und Welt.

Im Opferwillen, in der Hingabe an den lebendigen, göttlichen Geist, können die Asuras selbst erlöst werden. Das Ringen mit dem eigenen Abgrund und dem der Welt, ist auch ein Teil des Religiösen, der Religion. Sie soll zum Guten führen und das Böse erlösen. Allein, ohne geistigen Beistand werden wir mit diesen Gewalten nämlich gar nicht mehr fertig.

Das Mitgefühl an und mit den Mitmenschen und an die notleidende Welt kann die ahrimanischen Geister erlösen. Die Kunst eines sozialen Miteinanders ist zu lernen und zu üben. Den materialistischen Verlockungen ist ichhaft zu widerstehen.

Die Erkenntnis des Schicksals, des irdischen Lebens und des göttlichen Planes lässt Luzifer verwandeln. Eine Wissenschaft, die nach der Wahrheit strebt und sich nicht der Profitgier und dem eitlen Wahn, dem Hochmut unterstellt, vermag eine Heilung der luziferischen Verblendungen herbeizuführen.

Diese Qualitäten schaffen einen Ausgleich zu den Abgrund-Tendenzen unserer Zeit.

Europa ist in Gefahr. Die christlichen Werte beziehungsweise der Christus selbst ist in seiner Erdenwirksamkeit bedroht. Darauf zielen die eigentlichen Angriffe der Widersachermächte. Denn was kann Christus erreichen, wenn niemand seine Impulse und Hilfen annehmen will. Auf die Erde als lebendiges, mütterliches Wesen und dem Wohnsitz des Christusgeistes, dem Geist der Erde und auf die christliche Kultur und deren Werte zielen die Attacken im Innen und von Außen. Wird unsere Kultur zu schwach, weil das Denken, Fühlen und Handeln nach und in menschlich-göttlichen Werten, in einem humanistischen Geist zu wenig erfolgt, können andere Kräfte verstärkt nach Europa eindringen. Da hilft dann auch ein Aufrüsten und Abwehren nichts mehr.

Wer den Grals-Speer besitzt, der hat die Macht. Wenn wir damit nur kämpfen und erobern wollen, wird er sich irgendwann gegen uns wenden. Wenn wir damit schützen und heilen, wird er uns zum Gral hinführen können.

Heute ist der Speer des Longinus in der Verfügung der US-Amerikaner, die ihn nach dem zweiten Weltkrieg von den Nazis an sich genommen haben. Er soll heute in einem Museum in Wien aufbewahrt sein. Wir haben als Verbündete und als Christen die Pflicht, die Schwachen zu schützen, dürfen unsere Macht aber nicht missbrauchen. Dies ist manchmal jedoch eine sehr schmale Gratwanderung. Daher gibt es auch kein eindeutiges Ja oder Nein zum Krieg, denn die Verhältnisse der heutigen Zeit sind dafür viel zu komplex. Entscheidend ist das Wie!

Zerstören wir die Umwelt und greifen Menschen und zivile Güter an oder halten wir die Machtmenschen, das Militär und die Peiniger in Schach? Unser Motiv entscheidet über das Wohl und Wehe unserer Taten.

Eine Einbindung von möglichst allen Staaten, zum Beispiel innerhalb der UNO und ein gegenseitiges Verständnisringen mit- und füreinander, kann am ehesten die Gräben überbrücken helfen.

„Liebet eure Feinde". Nicht ihre bösen Taten gilt es zu lieben, sondern das Gute in ihnen, auch wenn es noch sehr tief verschüttet ist. Die Liebe hebt es empor, wenn wir immer wieder bereit werden, sie in uns einzulassen.

Wendezeit

Die Jahrtausendwende gleicht einer Schwelle, wo eine Art Quantensprung im Bewusstsein der Menschheit vollzogen werden soll. Die Menschheit wird diesen Schwellenübertritt in ein neues Zeitalter durch die Schicksalsereignisse des 20. Jahrhunderts und der nachfolgenden Zeit im neuen Jahrtausend zwangsweise mitmachen. Leider sind bis heute oftmals keine wirklich großen Erkenntnisse für das individuelle Leben der einzelnen Menschen daraus hervorgegangen. Man lebt und reagiert meistens nur auf die Zeitereignisse und Zeiterfordernisse hin. Auch manche esoterische Bestrebungen, die meinen, an einem bestimmten Datum eine besondere „Erleuchtung" bekommen zu können, gehen fehl, weil es dabei meist nur um persönliches Wachstum, Glück und Vollkommenheit gehen soll. Wir sollen uns aber so entwickeln, dass es dem Ganzen, der Menschheit und der Erde zum Heil gereichen kann.

Daher tut es große Not, diese Zeiten mit einem wachen Bewusstsein zu begleiten, denn dann haben wir auch die Möglichkeiten, agierend und gestaltend in das Weltenschicksal mit einzuwirken. Die folgenden Ausführungen sollen deshalb zu einer geistigen Wachheit in Bezug auf diese große Wendezeit beitragen.

Mit dem beginnenden 20. Jahrhundert hat, nach Rudolf Steiners Angaben seit 1899, ein neues Zeitalter begonnen, das in der okkulten Tradition das lichte Zeitalter genannt wird. Vorher wurden das goldene, das silberne, das eherne und das finstere Zeitalter durchlaufen. In anderen Worten sind diese Epochen auch als die archaische, die magische, die mythische und die heute noch andauernde, intellektuelle Zeit beschrieben. Im neuen, lichten Zeitalter soll es nun für die Menschheit allmählich wieder zu einer bewussten Verbindung mit der geistigen Welt gereichen und dies vor allem durch eine Spiritualisierung des

Denkens, also durch eine Erweiterung des Intellektes. Das lichte Zeitalter, wenn es einmal ganz erschienen ist, ist das Zeitalter der Brüderlichkeit, das Wassermannzeitalter, auch als Philadelphia bekannt.

Doch darf das neue Licht von den Widersachern geprüft und versucht werden, so wie es dem Christus Jesus selbst erging in der Wüste, nach seiner Taufe im Jordan, bei der das Christuslicht in den Menschen Jesus einströmte und darin in den folgenden drei Jahren den ganzen Menschen umwandelte.

Die erste Versuchung geschah in den vierzig Tagen des Fastens und Betens in der Wüste durch Luzifer, der sich von Christus anbeten lassen wollte. Für die Menschheit des 20. Jahrhunderts erfolgte die entsprechende Versuchung durch die großen Menschheitsverführer, wie zum Beispiel einem Lenin, einem Hitler und anderen. In dieser Zeit, also im ersten Drittel des 20. Jahrhunderts, wurde von den linken Hierarchien versucht, viele innere, mystische Seelenimpulse und Sehnsüchte, wie zum Beispiel in den Wandervogelbewegungen, auf eine äußere Person hinzulenken, die als der große Heilsbringer proklamiert wurde. In den wilden zwanziger Jahren waren diese anfänglich lichthaften Impulse meist im Rausch und in Vergnügungen untergegangen.

Die zweite Versuchung beschreibt den Sturz von den Zinnen des Tempels, wo Sorat, der Sonnendämon, dem Christus Jesus anbot, die Kräfte der heiligen Magie für persönliche Zwecke zu beanspruchen. Im Nationalsozialismus, im Stalinismus, wie auch in der Besetzung Tibets durch Maoisten sehen wir Machtansprüche wirken, die dem allgemein Menschlichen entgegenwirken. Dabei wurden oftmals hohe und hehre Ziele und Ideale letztlich für den persönlichen Machtgewinn missbraucht oder in ihr Gegenteil verzerrt.

Das letzte Drittel des 20. Jahrhunderts entsprach dann der Versuchung, Steine in Brot zu verwandeln. Mittels der künstlichen Intelligenz und Technik, einer verzerrten Gnosis, soll ein Paradies auf Erden erzwungen werden. Hier wirkt Ahriman am stärksten ein. Im 21. Jahrhundert baut er seine Machenschaften noch viel weiter aus. Da wird sich erst in der nächsten Zukunft noch zeigen müssen, wohin dies letztlich alles führen kann.

Die Zwei vom 2. Jahrtausend, numerologisch betrachtet, zeigte immer wieder Gegensätze oder Polaritäten, wie zum Beispiel im Ost-West Konflikt und den zahlreichen Religionsspaltungen. Das ganze zweite Jahrtausend war von Spaltungen, entsprechend der Zahl Zwei, durchzogen. Am Ende dieses 2. Jahrtausends drohte dann noch einmal eine Spaltung, nämlich von der russisch-orthodoxen Kirche mit der ökumenischen, vereinigten Weltkirche. Immer noch tun sich neue Gräben in der Weltpolitik auf zwischen einzelnen Staaten und Völkergemeinschaften. Es wäre jedoch ein gewaltiger Rückschritt für die Menschheit als Ganzes, wenn dies noch lange andauern sollte, da solche

Entzweiungen keine guten Früchte bringen können.

Das Alte, das zweite Jahrtausend soll sich verabschieden und soll abgelöst werden von den Möglichkeiten eines dritten Jahrtausends, das dann den Qualitäten der Zahl Drei obliegt.

Ahriman bildet nun aber die Schwelle in das dritte Jahrtausend. Erst danach kann es in einem guten Sinne weitergehen. Seine Weltanschauung des ungebremsten und unkontrollierten Fortschritts in der Technik und in der Ausbeutung beziehungsweise der Versklavung der Welt, zum Beispiel durch Großkonzerne und dem Finanzwesen, wird in harter Dissonanz stehen zu den Verantwortlichkeiten der Menschen für die Erhaltung der Natur und der Erde. Dies ist kosmologisch am Sternenhimmel recht gut zu erkennen. Ich denke, die Erde wird uns die Grenzen aufzeigen, wenn wir einseitig dem ahrimanischen Fortschrittsglauben gewähr schenken, das ist heute schon recht gut zu erfahren oder müssen noch stärkere Naturkatastrophen wüten, bevor wir zur Vernunft kommen können?

Die sogenannte Wassermannzeit soll allmählich immer stärker werden können. Doch davor sind eben noch einige Abgründe und Prüfungen zu überwinden. Wir erleben diese Zeiten, individuell gesehen, oftmals in einer ziemlichen Ohnmacht gegenüber den Schicksals- und Naturgewalten. Dieser Zeitenwandel beinhaltet letztlich aber auch einen Quantensprung, der daraus hervorgehen kann.

Altes, das alte Ego, der alte Adam soll sterben. Neues ersteht auf einer höheren Ebene erst dann, wenn das Alte Platz gemacht hat. Den entscheidenden Sprung, die Veränderung, macht man aber meist nicht so sehr mit dem Ich-Bewusstsein, sondern mehr im Unterbewussten, in den Untergründen der Seele. Dort geschieht die eigentliche Wandlung. Das Unterbewusste soll also in das Bewusstsein gehoben werden, damit wir es verändern können. Es sind dabei meist die weiblichen Kräfte des Seelischen, die eine Änderung herbeiführen können. Nicht das Wissen und das „Oberstübchen" führt oftmals weiter, sondern was wir an seelischen Liebekräften in uns tragen. Die gereinigte, reine Seele des Weiblichen, die Anima, bildet schließlich die Schale für die Weisheit der himmlischen Sophia. Oder anders ausgedrückt, die menschliche Seele bildet das Gefäß für die Sphäre der Sophia, für den Heiligen Geist beziehungsweise für das Manas- oder Geistselbst-Prinzip im Menschen – oder aber für Ahriman, dem Schatten, wenn wir diese Energien im Negativen, im Ungeläuterten, also im Abgründigen erleben und erfahren müssen.

Der Sinn und das Ziel dieser Übergangszeit zeigt sich für die Menschheit in einer heilsamen Art durch eine humanistische und brüderliche Einstellung dem gesamten Leben gegenüber. Wir sollen daher die geistige Seite dieser Wendezeit erfassen und sie ins neue Jahrtausend hineintragen. Dabei soll sich das Ego beziehungsweise der Eigenwille verantwortlich für die Erde einsetzen. Das menschliche Ich, also das gestalterische und schöpferische Element im Menschen, soll in eine seelische Ausdrucksfähigkeit mithilfe der Kraft der Liebe, mithilfe einer Herzlichkeit einfließen können.

An der Schwelle in die geistige Welt, in ein geistbestimmtes neues Leben, muss das irdische Ich für einen Moment zurücktreten, zur Schale werden, vielleicht auch in bestimmten Situationen eine starke Ohnmacht erleben, damit das neue Licht erscheinen kann. Der Eigenwille soll sich dabei opfern und wandeln und sich für die Erhaltung der Erde einsetzen, das menschliche Ich soll einmal zur Schale für den lebendigen Geist werden können. Dadurch können spirituelle Impulse hereinwirken. Eine solche Geisteshaltung bildet folglich den Grundduktus für ein spirituelles Leben in der Wassermannzeit.

Wir sollen die Erde und das irdische Leben in einer natürlichen Weise lieben lernen, sie dabei aber mit der All- und Christusliebe durchtränken und erweitern. Ansonsten ist die Gefahr durch eine Verführung ins instinkt- und triebhaft leibliche Ausleben der Liebesbedürfnisse sehr groß. Dazu mahnt die kosmische Signatur.

Luzifer und Ahriman, sie wirken in bestimmten Konstellationen öfters zusammen und haben daher große Macht in unserer Zeit. Ein Besinnen auf den Christus und die Sophia zeigt einen Weg, der den Verlockungen aus den untersinnlichen und egoistischen Begehrungen standhalten kann. Verbinden wir uns mit den Aufgaben und Zielen der Erde, tragen wir das Kreuz der Erde, so werden wir reif für die Impulse einer neuen, kommenden Zeit.

Aus dem Saulus soll ein Paulus, aus dem alten Adam soll ein neuer Adam werden. Die Menschheit als Ganzes soll reifer und erwachsener werden. Ein neuer sozialer Umgang mit der Erde ist zu lernen. Verantwortung, Wohlwollen und Erkenntniskräfte sollen dem Erdwesen zugute kommen. Kommunikation und Hinwendung zur Erde, bedeutet auch eine Hinwendung zur Weiblichkeit. Der Erdbereich beinhaltet aber auch das Geldwesen, den Besitz von Grund und Boden, Werte und Vermögen und den Umgang mit dem eigenen Körper, dem „Haus", in dem wir mit unserer Seele und unserem Geist leben.

Der Mensch wird heute durch Ahriman verstärkt geprüft. Er ist zugelassen und will die Erde als Gottesschöpfung vernichten, indem er sie aus ihrer Umlaufbahn um die Sonne, aus der göttlichen Schöpfung herausreißen will beziehungsweise aus dem Zusammenhang mit unserem Sonnensystem, damit sie allein unter seiner Verfügungsgewalt gestellt ist. Daraus erklären sich letztlich auch die Polsprungtheorie und gewaltige Klimaveränderungen, die nicht nur von technischen Anlagen und Verschmutzungen alleine herrühren. Unser ganzes materialistisches Sinnen und Trachten bewirkt eine Zunahme ahrimanischer Kräfte.

Eine Hinwendung zur weiblichen Erdkraft, zur „Maria-Sophia", zur Gaia tut deshalb Not. Verantwortung und echte Moral sind gefragt. Es geht um eine Gewissensentscheidung: Für die Erde oder eine zerstörerische Technik, wie die Atomtechnologie, die Gen-Technologie und die totale Elektronisierung der Welt – für das natürliche Leben oder die künstliche Intelligenz.

Auf der einen Seite geht es um Traditionen, die gepflegt und erhalten sein wollen, was vor allem den sinnvollen und verantwortungsvollen Umgang mit unseren irdischen Gütern, mit dem Grund und Boden, mit Vermögen und Erbschaften, wie überhaupt mit materiellen Werten betrifft. Diese Errungenschaften sind andererseits aber auch zu erweitern, damit neue, brüderliche Geistimpulse für die kommende Kultur, für die Erde, für das irdische Leben hereingebracht werden können, die also bis in das soziale Leben einwirken sollen. Dann erst kann das dritte Jahrtausend wirklich beginnen.

Die Drei zeigt numerologisch das Verbindende. Es geht also nicht nur um das Abschaffen von Altem, damit Neues sich breit machen kann. Das Alte und das Neue beziehungsweise auch das Zukünftige, sie sollen in einen Prozess treten können, damit sich daraus etwas Drittes, etwas Gemeinsames, etwas Verbindendes ausbilden kann. Dies geht natürlich nur, wenn auch das Alte bereit ist, sich erweitern und wandeln zu lassen. Ansonsten kommt es meist zum Konflikt, der nicht immer friedlich verlaufen muss, so wie dies geschichtlich leider immer wieder zutage tritt.

Ein drittes Prinzip soll also stärker werden können. Es äußert sich in einem kommunikativen und vermittelnden Charakter, wie dies zum Beispiel in der sozialen Dreigliederung der Gesellschaft sichtbar werden kann oder auch in der Ur-Konstellation von Vater, Mutter und dem Kind beziehungsweise dem Männlichen, dem Weiblichen und dem Kindlichen. Joseph Beuys hat dieses dritte Prinzip in seiner sozialen Plastik sehr anschaulich verdeutlicht, nämlich in der Begegnung, in der Kommunikation von Ordnung, dem Kosmos und der Phantasie, dem Chaos oder von Vernunft und Leben. Das sich begegnende, spielerische Element kann Ausgleich und Harmonie schaffen zwischen den Polaritäten des Lebens, die es immer geben wird, auch im Politischen. Revolutionen, wo die eine Seite, die für neues Leben kämpft, gegen das Alte, Beharrende anrennt, enden zwangsläufig im Chaos, während eine alte, feststehende Ordnung das freie Leben verneint. Suchen diese Pole die Begegnung, versucht man mehr in einem künstlerischen Prozess zu vermitteln und eine gemeinsame, höhere Ebene zu finden, kann daraus wirklich etwas Neues, etwas Zukünftiges gefunden werden.

Für den Beginn des dritten Jahrtausends können wir wiederum ein Bild aus dem Christusleben suchen, das uns Ziel und Sinn verleihen kann. Nach der Versuchung in der Wüste, analog dem 20. Jahrhundert, folgt in den Evangelien-Beschreibungen die Jüngersuche und die ersten Zeichentaten und da vor allem die Hochzeit zu Kana.

Ja, der Christus wird im dritten Jahrtausend seine Jünger um sich scharen. Wir werden ihn erkennen und finden, wenn, wie bei der Hochzeit zu Kana, das Männliche und das Weibliche beziehungsweise die Gegensätze zusammenwirken können. Yin und Yang, die Materie und der Geist, die Erde und der Himmel, Sal und Sulphur sollen zusammen kommen. Das Verbindende ist der Merkurius, das heilende, bewegliche und kommunizierende, kindliche Element, das wir im Ätherischen suchen müssen. Das Ätherische, das Lebendige verbindet das Physische mit dem Seelisch-Geistigen. Es geht dann im Spirituellen nichts mehr wirklich weiter in dieser Zeit, wenn wir uns in einem Eigenbrötlersein verschließen, wie dies heute noch manche Esoteriker gerne tun. Die Kunst der Begegnung ist zu erlernen, in der Politik, in Partnerschaften, im Sozialen, wie auch im Religiösen und Spirituellen, so wie Kinder sich gerne zusammentun und Neues entdecken wollen. Die Kunst wird folglich zur Führerin in einem gemeinschaftlichen Miteinander werden, wo nicht mehr so sehr das einzelne Kunstwerk eine Rolle spielen wird, sondern viel mehr die Richtung beziehungsweise der Weg zum Ganzen, zum Heilen hin. „Jeder Mensch ist ein Künstler".

Mit der Kunst beziehungsweise mit einer künstlerischen Haltung können die dualen Pole und Gegensätze überbrückt werden. Technik und Natur – die Brücke ist der Mensch, der sich in reifer Verantwortung mit der Erde verbindet und aus der geistig-moralischen Welt Impulse empfängt, die dem Gemeinwohl dienen. Ahriman wird so erlöst. Der heilende Geist kann sodann vermehrt zu wirken beginnen, im Menschen und in der Schöpfung.

Ganz neue Techniken können als die Folgen solcher Gesinnungen gefunden werden, die der Menschheit dienen und weiterhelfen, was zum Beispiel die Energiefrage und die des Verkehrs betrifft. Ganz neue Möglichkeiten werden sich auftun, von denen wir jetzt nicht einmal träumen können.

Erste Impulse dazu gaben Menschen wie Wilhelm Reich, Nicola Tesla, Victor Schauberger und andere, deren Erkenntnisse aber meist noch bekämpft und verhindert wurden. Doch zukünftig wird uns keine andere Wahl mehr bleiben, wenn wir nicht in Katastrophen, Krankheiten und seelischen Verhärtungen versinken wollen. Wir müssen uns öffnen für neue geistige Impulse, die hereinkommen wollen. Alte Denkmuster und Verhaltensweisen sind loszulassen. Vor dem Neuen muss manches Alte geopfert und gewandelt werden. An diesem

Punkt stehen wir heute in vielen Bereichen des Lebens. Jegliche Flickschusterei, die alte Machenschaften bewahren will, ist längerfristig gesehen zum Scheitern verurteilt. Doch das Neue ohne Einbeziehung, ohne Wandlung des Alten, ohne Tradition und Erfahrung, wird nicht auf gutem Grund stehen können. Dessen sollten wir uns bewusst sein.

Je früher wir damit beginnen, eine kommunikative, verbindende und empathische Haltung einzunehmen, um so besser wird ein Übergang, eine Wendezeit gelingen können. Dies zu schaffen, ist eben auch eine Kunst – eine echte Lebenskunst.

Spiritualität, Politik und Wirtschaftsfragen

In früheren Zeiten war die Politik, also das Staatsleben und die Spiritualität beziehungsweise das Religiöse noch vereint. Altägyptische Pharaos, aber auch noch manche Cäsaren bis in die Zeit der Merowinger-Priesterkönige hinein und zuletzt noch in einem schwachen Nachklang bei Karl dem Großen, bei ihnen war das priesterliche und das königliche Element miteinander verbunden, auch wenn dies bei manchen Cäsaren nur noch einem Wunschdenken entstammte. Die spirituell ausgerichteten beziehungsweise eingeweihten Herrscher regierten ihr Volk aus „Gottes Gnaden". Eine weisheitsvolle Führung entsprang daraus, obwohl dieses geistige „Amt" in späterer Zeit auch immer wieder versucht worden war, zu missbrauchen, so wie dies vor allem bei manchen Cäsaren und anderen „Gottkönigen" ersichtlich wurde.

So war im ersten Jahrtausend nach Christus noch weitgehend die Einheit von Religion und politischer Macht gegeben. Erst im zweiten Jahrtausend trennte sich langsam aber stetig wachsend die Politik von der kirchlichen Macht ab, wie dies in den zahlreichen Konflikten von Päpsten und Königen hervorgetreten ist. Die Päpste herrschten aber noch lange weiter, selbst heute noch ist die Macht des Vatikans im politischen Weltgeschehen nicht zu vernachlässigen. Mit der Aufklärung trennte sich in Europa die Politik und die Kirche, da sich das Bürgertum auch mehr und mehr vom Adel zu lösen begann. Und dies bis heute, bis hin zu einer säkularen Gesellschaft, in der Religion und Spiritualität zu einer privaten Angelegenheit, zur Privatsache geworden ist. Das heißt, Kirchen, religiöse und spirituelle Gemeinschaften unterstehen immer weniger einem gesellschaftlichen und politischen Willen beziehungsweise sollen sie andererseits diesen auch nicht mehr direkt, also quasi von oben herab oder im

Geheimen delegieren und beeinflussen. Nur noch die freien und mündigen Bürger sollen zukünftig die Interessen und Ziele einer Gesellschaft bestimmen und bewahren lernen.

Natürlich versuchen auch heute noch der Vatikan und andere religiöse Gruppierungen ihren Einfluss im gesellschaftlichen Leben geltend zu machen. Manchmal reichen deren Arme auch noch weit in das politische Geschehen hinein, denn die Kirchenpolitik war immer auch ein Stück weit Machtpolitik. Nur wehren sich heute viele Menschen dagegen, denn das Kultur- und Geistesleben, zu dem die Religion gehört, soll getrennt sein vom politischen und vom wirtschaftlichen Leben, sonst entstehen daraus meist recht unheilvolle Verquickungen.

Durch diese kirchliche Machtpolitik wurde aber auch sehr viel Schuld aufgeladen, vor allem durch die Vernichtung vieler spiritueller Strömungen, wie den Templern und Katharern und in der Inquisition. Diese sogenannten ketzerischen Gemeinschaften konnten dann in späteren Zeiten meist nur noch im Untergrund, im Geheimen arbeiten, wie die Rosenkreuzer, Alchemisten und manche Freimaurer, deren Wurzeln bis in altägyptische Zeiten zurückreichen. Und natürlich auch bei der Eroberung Amerikas durch christliche Missionare, die im Namen ihres Gottes vor keiner Grausamkeit zurückschreckten.

Aber auch die spirituellen Strömungen versuchten teilweise Einfluss auf das politische und gesellschaftliche Geschehen zu gewinnen, wie zum Beispiel während der französischen Revolution und dies manchmal bis heute hinein durch einige Freimaurer- und Logenverbindungen. Prinzipiell ist auch nichts dagegen einzuwenden, wenn Menschen, die sich um das Erkennen geistiger Gesetze bemühen, versuchen, diese im Irdischen umsetzen zu können. Jedoch sollten solche Weisheiten das allgemeine Bewusstsein der Menschen erreichen und darüber zu einer gesellschaftlichen Veränderung beitragen. Nicht aber durch Umstürze, Revolutionen oder Unterwanderungen der jeweiligen politischen Systeme, wie dies manche Logenbrüder auch heute noch versuchen. Meist sind die ursprüngliche Rituale in den Orden und Logen in unserer Zeit schon ziemlich verwässert worden, so dass in vielen westlichen Logenverbindungen meist recht wenig echte Spiritualität zu finden ist, dagegen oftmals ein starkes Geschäfts- und Machtgebahren auftreten kann, wie vor allem in angelsächsischen Vereinigungen, die besonders stark in die Politik und die Wirtschaft mit ihren Weltherrschafts-Ideologien eindringen wollen.

So werden in manchen Staaten bestimmte Denkschulen und Denkrichtungen sehr gefördert, andere wiederum gar nicht. Da herrscht also durchaus ein geistiger Kampf, der letztlich in verschiedenen spirituellen Geisteshaltungen wurzelt. Welche Einstellungen schließlich die weiteren Geschicke vieler

Gesellschaften leiten werden, kann heute noch nicht gesagt werden, doch manche Zeitereignisse mahnen schon recht deutlich zu einer Umkehr und dies vor allem auf dem wirtschaftlichen, sozialen und ökologischen Gebiet. Daher soll hier das Gebiet der Wirtschaft beziehungsweise dessen Gesellschaftssysteme noch etwas näher betrachtet werden.

Im 20. Jahrhundert prallten ja bekanntlich die politischen und wirtschaftlichen Systeme des Kapitalismus und des Sozialismus beziehungsweise des Kommunismus sehr stark aufeinander. Ob dies von bestimmten Kreisen gewollt war oder nicht, soll hier aber nicht der Gegenstand unserer Betrachtung sein. Mit dem Untergang des Kommunismus wurde der Kapitalismus als Sieger und die Demokratie als die Gesellschaftsform deklariert, die allein der Menschheit zu Wohlstand und Frieden verhelfen kann.

Heute mehren sich jedoch immer mehr die zweifelnden und kritischen Stimmen, da dieser Kapitalismus einen Weg eingeschlagen hat, der zu immer größerem Raubbau und zu sozialer Ungerechtigkeit hinführt. Ein liberalisiertes Wirtschaften, also die Freiheit im Wirtschaftlichen, führt letztlich dazu, dass untergründige Seelenkräfte wie die Habsucht, der Egoismus und die Gier immer stärker zum Vorschein kommen können. So wird heute vielerorts von einer notwendigen Regulierung gesprochen, quasi von einer Zähmung des Raubtierkapitalismus. Doch wird dies allein schon genügen oder braucht es nicht eher noch einen Bewusstseins-, einen Gesinnungswandel, hin zu einer echten Alternative, die es immer auch noch gibt?

Wir brauchen zuvorderst also ein neues Denken, denn mit dem alten haben wir ja gerade die Krisen heraufbeschworen, mit denen wir heute konfrontiert sind.

Das Wort Kapital im Kapitalismus verweist auf unser Vermögen, auf Reichtum und landläufig gesehen auf Geld und Besitz. Doch was ist unser Vermögen, unser Reichtum, unser Kapital eigentlich wirklich, wenn wir zusehen können, wie zum Beispiel in der Finanzkrise Geld und Besitz doch recht schnell verloren gehen können.

Ich sehe drei Grundpfeiler innerhalb einer Gesellschaft, die unser Kapital, unser Vermögen, also die Hauptursache für unseren Wohlstand ausmachen. Nämlich erstens unsere Bildung, unsere Fähigkeiten, unser „know how" in Forschung und Technik, sowie unsere Erfindungsgabe und Kreativität. Zweitens das freie Unternehmertum. Dieses wurde im sogenannten Sozialismus beziehungsweise in der Planwirtschaft oder mit anderen Worten, im Staatskapitalismus überhaupt nicht gefördert. Und drittens braucht es für eine gesunde Wirtschaft und damit einhergehend für Wohlstand und Lebensqualität, gut ausgebildete und motivierte Angestellte und Arbeiter, ohne die eben gar nichts geht und natürlich die Produktionsstätten, die Fabriken, Werkstätten und Unternehmen.

Diese drei Pfeiler bilden also unser Kapital, nicht die Ideologie des Kapitalismus, die hauptsächlich auf Gewinnmaximierung, Wachstum und Wettbewerb aus ist. Zudem zeigt sich immer wieder, dass die Trennung von Produktionsmittel, also von Betrieben und Fabriken vom Unternehmertum, dass mit diesen Produktionsstätten also auch gehandelt werden kann wie mit einer Ware, es zu krankmachenden Auswüchsen, meist auf Kosten der Belegschaften kommt. Betriebe gehören in die Hände von fähigen Menschen, nicht in die von Anlegern, Aktionären und Geschäftemachern.

„Ismen" sind Ideologien, die meistens an einer gesunden Wirklichkeit vorbeigehen, so wie dies heutzutage überall zu sehen ist. Die Bildung wird immer mehr verkopft, verschult, auch in Universitäten und soll nur noch nützliche und brauchbare Absolventen für die Industrie hervorbringen. Ein Bürokratentum und die Wirtschaftsinteressen bestimmen mehr und mehr, welche Lerninhalte und Methoden angewandt werden sollen. Lehrer und Dozenten werden dabei zu Handlangern und Ausführenden degradiert, eigene Forschung und Wissensvermittlung wird zusehends geschwächt.

Anstatt eines verantwortungsvollen Unternehmertums gibt es immer mehr Manager, die verwalten und möglichst hohe Gewinne für Anleger und Aktionäre rausholen sollen. Eine „Krämerseelen"-Denkweise setzt sich an die Stelle eines solidarischen Unternehmertums. Die Arbeiter und Angestellten werden oftmals als Kostenfaktor gesehen, die man am liebsten wegrationalisieren möchte. Das erhöht aber sicher nicht die Motivation in den Betrieben.

Ursache dafür ist meist der hohe Konkurrenz- und Wettbewerbsdruck, dem die Unternehmen ausgesetzt sind - und dies in einem globalen Maßstab. Die Freiheit, die Neo-Liberalisierung im Wirtschaftlichen entfacht einen regelrechten Wirtschaftskrieg, wo dann nur noch die „Stärksten" sich behaupten können. Die Freiheit gehört aber in das Geistesleben, in die Kultur hinein, in der Wirtschaft braucht es die „Brüderlichkeit", das solidarische Handeln, damit es allen zu Wohlstand und damit zu sozialem Frieden gereichen kann. Ansonsten ist der maßlosen Gier einiger weniger nicht wirklich etwas entgegen zu setzen.

Lassen wir im Kommunismus und im Sozialismus die „Ismen" weg, so verbleibt die Kommune, also die Gemeinschaft und das Soziale, das menschliche Zusammenleben beziehungsweise die Gemeinwohlbezogenheit. Diese sozialen, „brüderlichen" Komponenten in der Wirtschaft erfordern folgende Qualitäten: Erstens, ein Interesse für den Anderen. Interesse ist die Grundbedingung, dass sich überhaupt die Liebe zwischen den Menschen ausbilden kann. Ein kapitalistisches System führt dagegen hauptsächlich hin zu einer einseitigen Ich-Bezogenheit. Zweitens: Jeder arbeitet für ein größeres Ganzes, nicht für sich allein, so wie es in der heutigen Arbeitsteilung schon üblich ist, denn kein Mensch kann mehr für sich alleine sorgen, zumindest nicht in unserer Gesellschaft. Drittens: Die Gemeinschaft als Ganzes schaut, dass sie die Bedürfnisse der Einzelnen befriedigen kann beziehungsweise sie sorgt dafür, dass der Einzelne seine individuellen Fähigkeiten am Besten ausbilden und dann auch wieder in die Gemeinschaft, zum Wohle des Ganzen, einbringen kann.

In einem „Ismus" verdrehen sich diese Paradigmen, meist zum Schaden des Ganzen. Im ersten Fall steht der Egoismus im Wege, im zweiten Fall geht die Sinnhaftigkeit, das soziale Engagement verloren und im dritten Fall wird der Sozialstaat, wenn jeder also nur noch für sich selber sorgen soll, immer mehr abgebaut. Jeder soll dabei nur noch selber seines Glückes Schmid sein, so wie dies die USA uns recht deutlich vorleben. Dort hat man oftmals eine ziemliche Abscheu gegen Sozialstaatlichkeit beziehungsweise gegen das Soziale, außer man wird zum wohltätigen Spender und kann sich damit rühmen, ein guter Mensch zu sein. Obwohl dies meist nicht wirklich mit einem großen Opfer verbunden ist.

Wenn wir nun die Begriffe Kapital und soziale Gemeinschaft in einem positiven Sinne betrachten, wie dies oben versucht worden ist, so kann recht leicht eingesehen werden, dass diese sich in der Praxis durchaus ergänzen können, ja, dass man sie unbedingt zusammenbringen muss, wenn man die heutigen Tendenzen eines einseitigen Materialismus und Egoismus überwinden will, die uns längerfristig gesehen nur an den Abgrund heranführen können. Einseitigkeiten führen immer ins Krankmachende hinein.

Heute dominiert recht einseitig das Wirtschaftsleben in unserer Gesellschaft. Daraus resultiert ein zunehmendes Demokratie-Defizit, wie dies vor allem im Aufbau und in manchen Entscheidungen innerhalb der Europäischen Union verstärkt zutage tritt. Da bestimmen immer wieder die Interessen der Großkonzerne beziehungsweise der Lobbyisten über die wirklichen Bedürfnisse der Bürger, so zum Beispiel in der Vermarktung von gentechnisch produzierten Waren, von Energietechniken und ähnlichem.

Eine Verquickung von Politik, Wirtschaft und Kultur, hin zu einem Einheitsstaat, der alle Aufgaben in der Gesellschaft übernehmen und lösen will, ist ein Irrweg. Eine Gliederung des Gesellschaftslebens in die drei Bereiche Kultur- und Geistesleben mitsamt der Bildung, sowie in das Staats- und Rechtsleben, wie auch in das Wirtschaftsleben ist zukünftig unabdingbar. Die Freiheit im Kulturleben, die Gleichheit im Rechtsleben beziehungsweise vor dem Recht und die Geschwisterlichkeit im Wirtschaftsleben kann erst wieder gesunde

Bedingungen schaffen, auf denen eine Gesellschaft wachsen und gedeihen kann.

Kein Bereich darf über dem anderen herrschen und dominieren wollen, denn sie entspringen verschiedenen Seinsweisen – im Menschen, in der Gesellschaft und im weiten All. Ein spirituelles Verständnis des Menschenwesens nach Geist, Seele und Leib kommt im sozialen Leben aus dem gleichen Prinzip. Der Mikrokosmos Mensch und der Makrokosmos, sie werden durchzogen von einem trinitarischen Prinzip, das sich überall seine Ausdrucksweisen erschafft: in der Religion, in der Kultur, in der Politik, wie auch in der Wirtschaft und im Gesellschaftsleben. Dies sei im Folgenden stichwortartig ausgeführt:

Gott:	Heiliger Geist	Sohn	Vater
Mensch:	Geist	Seele	Leib
Gesellschaft:	Kultur	Staat	Wirtschaft
Staat:	Judikative	Legislative	Exekutive
Kultur:	Wissenschaft	Kunst	Religion
Körper:	Kopf	Herz	Bauch
	Impuls	Weg	Tat
	Entstehen	Werden	Vergehen

Diese Aufstellung kann natürlich noch weiter ausgebaut werden, soll hier zum Abschluß aber nur noch einer besinnlichen Betrachtung dienlich sein. In der sozialen Dreigliederung, wie sie von Rudolf Steiner eingeführt worden ist, sind dazu vertiefende Betrachtungen angeführt.

Schaffen wir diese Dreigliederung oder verlieren wir uns im Sumpf aus Lobbyistentum, persönlicher Vorteilsnahme und Korruption, dies wird sich in den nächsten Jahren und Jahrzehnten entscheiden müssen – entweder zum Wohle oder zum Niedergang einer europäischen Idee, die noch immer nach reifer und echter Verwirklichung sucht.

Letztlich ist es aber eine Bewusstseinsfrage der Europäer selbst, welcher Geist sich durchsetzen wird, der Mammon, der die Menschen klein halten und ans Irdische fesseln will oder der Geist des Menschlichen, des Humanen, der Christus, der uns wieder mit unserem kosmischen Ursprung, unserer geistigen Heimat in Verbindung bringen kann.

Für ein Europa des freien Geistes

Die Idee eines vereinigten Europas in einem freien Zusammenhang der einzelnen Völker ist durchaus im Sinne und auf dem Weg eines allmählichen Zusammenwachsens der ganzen Menschheit, wie dies das innerste Anliegen der Christuswesenheit selbst ist. Die entscheidende Frage dabei wird aber sein, ob eine Sphäre der Freiheit und Liebe zwischen den einzelnen Völkern und Menschen entstehen kann.

Die Liebe zeigt sich letztlich in einem sozialen und brüderlichen Umgang vor allem bei den Bedürfnissen der Menschen, also auf wirtschaftlichem Gebiet. Die Freiheit muss gewahrt bleiben können, was die kulturelle und geistige Identität der einzelnen Völker und Volksgruppen betrifft, also innerhalb ihrer Herkunft, Sprache, Religion und Kultur. Darüber hinaus soll die individuelle Freiheit der Einzelnen so verankert sein, dass keine Gruppenzwänge, auch nicht aus staatlicher Willkür, diese verhindern kann. Die Gemeinschaft hat dafür zu sorgen, dass die einzelnen Menschen am Besten und Förderlichsten ihre Begabungen und Fähigkeiten ausbilden können, denn dann können diese wiederum dem Wohl des Ganzen zukommen. Die Freiheit des Einzelnen darf nur da begrenzt werden, wo sie die Freiheit und das Leben der Mitwelt gefährdet.

Schließlich bedarf es auch noch der Gleichheit der einzelnen Menschen vor dem Gesetz. Ohne eine Rechtssphäre, die die Würde des Menschen, also die Gleichwertigkeit vor dem Gesetz anerkennt, werden immer soziale Ungerechtigkeiten die Folge sein. Das Heil einer Gemeinschaft ist umso größer, als in ihr lebet der Einzelseele Kraft und sie, die Gemeinschaft, eine Wahrnehmung beziehungsweise ein Bewusstsein hat von diesem Einzelnen. Dies trifft für kleine Gemeinschaften zu, aber auch für große, wie die Europäische Vereinigung, wo alle Völker gleichberechtigt wahrgenommen werden sollen, diese alle aber ihren spezifischen Beitrag für das Ganze leisten sollen. Wenn bestimmte Mitglieder einer Gemeinschaft nur für sich etwas rausholen wollen oder wenn andererseits bestimmte Bedürfnisse einzelner Staaten vom Ganzen nicht richtig wahrgenommen und geschätzt werden, kann es nicht zu einer gesunden und heilvollen Gemeinschaftsbildung gereichen.

Heute wird vor allem an einem Europa als Wirtschaftsmacht gearbeitet. Dies ist sicher eine Einseitigkeit, so dass viele Menschen zu Recht mit einigem Bangen der Zukunft Europas entgegensehen. Dieser Einseitigkeit kann etwas entgegengesetzt werden, wenn wir Menschen uns auf die Suche machen, die Seele oder das „Herz" Europas zu finden. Denn darin findet man erst das innere Zusammengehörigkeits- und Lebensgefühl als Europäer. Eine Gemeinschaft kann sich nur bilden, wenn sich auch ein Gemeinschaftsgefühl oder Gemeinschaftserlebnis einstellen kann.

Was die einzelnen Völker geistig verbinden kann, ist eine gemeinsame kulturelle Identität, die nicht aus den einzelnen Volkskulturen, quasi als deren Summe entstehen kann, sondern aus einem Erspüren der Intentionen des wirkenden Zeitgeistes.

Der Zeitgeist Michael, ein hohes geistiges Wesen, das die Zeitenschicksale lenkt, ist natürlich nicht nur für Europa tätig. Als Europäer sollen wir dann auch über Europa hinauswachsen und die Belange der Welt zu unseren eigenen machen. Da gilt es vor allem erst einmal den Osten zu integrieren, ihn nicht nur wirtschaftlich vereinnahmen oder mit ihm nur auf militärischem Gebiet zusammenarbeiten zu wollen.

Wo sind die Stärken und Schwächen unserer Nachbarn im Osten und im Westen?

Die Vereinigten Staaten von Amerika dominierten lange Zeit im Wirtschaftlichen. Und auch heute noch versuchen sie, ihre Wirtschaftsinteressen gegenüber anderen Staaten durchzusetzen, ohne meist auf deren eigene Bedürfnisse zu achten. Dies kann zu einer regelrechten Wirtschaftsdiktatur ausarten, vor allem auch, wenn sich diverse Wirtschaftsinteressen einiger Konzerne und Banken gegenüber den Politikern, vor allem im anonymen Brüssel, also in der Europäischen Kommission durchsetzen.

Russland und die anderen slawischen Staaten ringen zuvorderst um ihre geistige und kulturelle Identität. Russland braucht Geist. Die gesellschaftlichen und sozialen Probleme dort sind meistens Folgezustände einer Entwicklung im sogenannten Kommunismus, wo mit staatlichen Mitteln der lebendige Geist quasi abgeschafft wurde. Dadurch bricht in späterer Zeit viel Dunkles und Verdrängtes hervor, wie dies durch ein korruptes und egoistisches Verhalten zahlreicher Oligarchen und Politiker das soziale und öffentliche Leben korrumpiert und damit verschlechtert. Da braucht Russland sicherlich noch vielfältige Hilfen und Vorbilder, vor allem aber auch eine geistig-moralische Unterstützung, um mit den inneren Problemen fertig werden zu können.

Der slawische Raum hat in der Zukunft eine besondere Aufgabe. Daher sind dort auch gewaltige Angriffe auf das Menschsein zu erleben. Vielleicht helfen das Leiden und Entbehren vieler Menschen dort auch etwas mit, um sich allmählich von den alten Übeln befreien zu können. Erkenntnishilfen wären hierbei dringend zu leisten. Ein echtes, soziales und geistiges Interesse der Menschen in Europa füreinander, also mit echtem Vorbild-Charakter aus dem Geist des Menschlichen heraus, könnte eine neue Entwicklung in Russland vorbereiten helfen.

Eine Erneuerung des Christentums, eine Spiritualisierung der Kultur, auch bei uns, schafft erst die Möglichkeit für ein echtes Zusammenwachsen in ganz Europa. Die kulturelle Identität Europas wird durch den Geist der Wahrheit und Wahrhaftigkeit gefunden, so wie er im Christentum als Heiliger Geist bezeichnet und beschrieben ist, wobei andere Religionen gerade nicht ausgegrenzt werden sollen. Den Geist der Wahrheit, der natürlich auch der Geschichtsentwicklung zugrunde liegt, nennt man in der christlichen Esoterik die Sophia. Russland hat dazu eine besondere Beziehung. Der Zugang zu ihr ist uns durch und über den Zeitgeist Michael vorgegeben. Er kann uns gegen die dunklen Drachenkräfte, die den Menschen an das nur Irdische, Materielle fesseln wollen, beistehen, da wir durch ihn in unserem Innersten das göttlich-geistige Urbild beziehungsweise die Wesenhaftigkeit Gottes im Menschen bewahren können.

Viele große Denker in Russland, wie vor allem Vladimir Solofief, kündeten an der Wende zum 20. Jahrhundert von dieser Kraft und Wesenheit der Sophia. Die Anthroposophie hat in unseren Tagen die Aufgabe, eine erneute Verbindung zum Geist der Wahrheit vorzubereiten. Durch den anthroposophischen Erkenntnis- und Schulungsweg wird die Möglichkeit geschaffen, in Freiheit und Eigenständigkeit dem Zeitgeist Michael zu dienen. Dieser spirituelle Weg ist völkerübergreifend und völkerverbindend, denn er kann von allen Menschen mit allen Religionszugehörigkeiten beschritten werden. Aber nicht nur die Anthroposophie ist es, die bei dieser großen Aufgabe mitwirkt. Alle geistigen Strömungen wirken mehr oder weniger zusammen. Durch einen kommunikativen Austausch mit Menschen aus anderen spirituellen und kulturellen Zusammenhängen und der individuellen Aneignung der darin erworbenen Errungenschaften und Fähigkeiten, verbinden sich die einzelnen Strömungen, verstärken sich dadurch gegenseitig und wachsen so allmählich zusammen.

Wenn die geistigen Strömungen Europas es nicht schaffen, sich zu verbrüdern und zu verbinden, wird es Europa als Staatenzusammenhang auch nicht wirklich bewältigen können. Rudolf Steiner sprach deshalb von einer wichtigen Kulmination der Strömungen aus Platonikern und Aristotelikern zum vorigen Jahrtausend-Ende, von deren Zusammenarbeit das weitere Schicksal der anthroposophischen Bewegung und dann auch in einer gewissen Weise das der gesamten Menschheit abhängen wird. Ich denke aber, dass es nicht die Aufgabe der Aristoteliker und Platoniker alleine sein wird, obwohl sie in heutiger Zeit sehr wichtig sind, da sie das Denkelement, also den Erkenntnisweg repräsentieren.

Die folgende Aufstellung der verschiedenen Strömungen mit kurz dargestellter Wirkungsebene, soll einen Einblick in die geistige Konstellation unserer Zeit ermöglichen. Die einzelnen Strömungen können im Rahmen dieser Schrift nicht genauer erläutert werden. Hier sind nur die geistigen Prinzipien genannt. Jeder kann sich stärker zu dieser oder jener Richtung hingezogen fühlen. Im Endeffekt entscheidet die gemeinsame Melodie, die aus dem Zusammenklang ersteht. Die Angaben nach Ost, West und der Mitte zeigen eher einen qualitativen Standpunkt auf, als eine geographische Wirksamkeit. Wer sich etwas tiefer mit den Strömungsfragen beschäftigen will, sei das Manuskript von Malte Diekmann empfohlen mit dem Titel: Das Zusammenwirken karmischer Strömungen in der anthroposophischen Gesellschaft und Bewegung.

Nach Rudolf Steiners Angaben wirken heute vor allem sechs Meister- und Karma-Strömungen, je zwei im Osten und im Westen, eine in der Mitte und eine, die durchgeht. Diese sollen nachfolgend schematisch aufgezählt werden.

Ein Europäer, der diese Strömungsqualitäten in sich verwirklichen will, darf nach den Idealen der Wahrheit und Weisheit, der Schönheit und Liebe und nach der Stärke und Güte streben. Diese Ideale können dann die Grundlagen, die Werte für eine gesunde und erfolgreiche Kultur, Politik und Wirtschaft ausbilden helfen.

<u>Die sechs führenden Meisterströmungen in ihren kosmologischen Zuordnungen:</u>

Aristoteliker ♐   Streben nach Wahrheit und Erkenntnis – konkretes Denken
                  - Westen – männlich
Platoniker ♒   Streben nach Weisheit – Ideenwelt – Osten – weiblich

Zusammen bilden sie das Element der Geistesschulung – die Spiritualisierung des Denkens – der Sal-Prozess.

Novalis (Elias,) ♎   Streben nach Schönheit, Ästhetik, die Poesie – Mitte -
                     weiblich
Manichäer ♋   Streben nach Liebe (Liebet das Böse gut) – männlich –
              geht durch von den Essenern, Nestorianern, Manichäern
              im Osten bis zu den Katharern und bildet zusammen mit
              der Artusströmung des Westens den Gralsimpuls in
              Europa.

Zusammen bilden sie den Weg der Läuterung der Seele – das Fühlen – der merkuriale Prozess.

Rosenkreuzer ♏   Streben nach Stärke – über sich selbst und die innere Natur
                 – Westen – männlich.

Meister Jesus ♓ Streben nach Güte – Osten – weiblich.
Zusammen bilden sie den Weg der Lebenseinweihung – der Wille – der Sulphur-Prozess.

Es ergeben sich somit drei männliche beziehungsweise Yang-Strömungen und drei weibliche Yin-Strömungen.
Die Yang-Strömungen gehen stärker in das Irdische hinein und wollen von dort aus, das Irdische verwandelnd, wiederum zum Geistigen streben. Die Yin-Strömungen sind mehr zum Kosmischen beziehungsweise zum Religiösen hingeneigt und können von da Impulse und Ideen in das Irdische hereinleuchten lassen. Aus diesen Polaritäten wird erst deren gesundes Zusammenwirken ersichtlich. Dazu sind die führenden Meister genannt:

△ männlicher Pol: Aristoteles (Denken), Manes (Fühlen), Christian Rosenkreutz (Wollen).

▽ weiblicher Pol: Platon (Denken), Novalis (Fühlen), Meister Jesus (Wollen)

Zusammen ergibt sich die geistige Konfiguration Europas – ein sogenannter Davidstern, dem Zeichen und Symbol für Ausgleich und Harmonie.

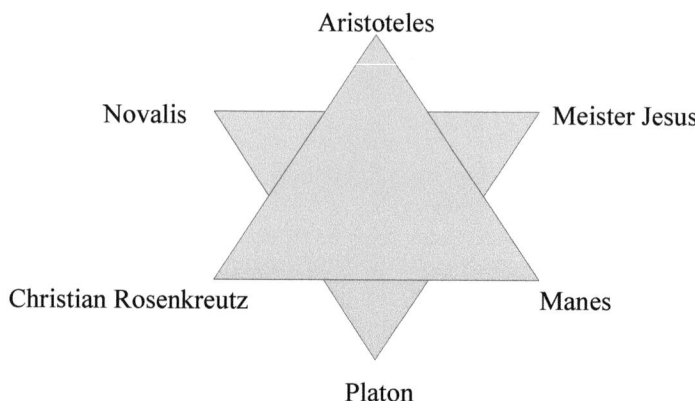

Ein gegenseitiges Durchdringen und Ergänzen ergibt sich folglich aus den geographischen Zuordnungen, wie dies aus der nächsten Darstellung ersichtlich wird.

West – Rosenkreuzer und Aristoteliker – männlich – (Rudolf Steiner schildert sich gemeinsam mit Christian Rosenkreutz als Träger des roten und des blauen Bandes).

Ost – Meister Jesus und die Platoniker – weiblich – (Diese Aufgabe muss zukünftig noch ergriffen werden. Die Güte und die Weisheit in der Verbindung von Christus und Sophia).

Mitte – Novalis – das Streben nach Poesie und Schönheit schafft einen Ausgleich. Mani, der große Eingeweihte beziehungsweise der manichäische Impuls geht durch.

Im Grals-Impuls, dem Streben nach geistiger Liebe, können sich alle Strömungen verbinden – im Liebesweg, so wie dies Manes-Parzival vorgelebt hat.

In der Bewusstseinsseelenzeit ist natürlich die Verwandlung des Denkens vordergründig. Aber ohne die Liebe ist alles nicht viel. So soll und will die Anthroposophie kein Gegensatz zum Grals-Impuls sein. Alle Strömungen dienen im Endeffekt dem Gral, jede auf ihrer Stufe und nach ihrem Vermögen. Es darf deshalb kein Neid und keine Ausgrenzung gegenüber andersgearteten Geistsuchern und Strömungen zum Auseinanderbrechen der gemeinsamen Aufgabe führen. Zu viel steht auf dem Spiel.

Das Haus Europas wird letztlich aber von der Zwölfheit impulsiert, so wie dies ja auch auf der europäischen Flagge zu sehen ist mit den zwölf Sternen darauf. Der „Dreizehnte" verbindet, impulsiert und trägt die Zwölf. Sechs weitere Strömungen wirken also in die Hauptströmungen helfend und impulsierend, je nach Bedarf hinein. Diese sollen der Vollständigkeit halber hier aufgezählt werden mit einem biblischen Archetypen und einem europäischen Repräsentanten und der entsprechenden Tierkreis-Qualität:

♈ Moses – Goethe: Impulse, Neues – zusammen mit den Aristotelikern ist die Verwandlung der Naturwissenschaften in einer ehrfurchtsvollen Haltung der Wahrheit gegenüber zu bewerkstelligen.

♉ Noah – Merlin: Zauber, Kunst und Magie. Sie opferten sich in die Grals-Strömung, zum Beispiel in Richard Wagner, hinein.

♊ Hiob – Lohengrin: Vermittlung und Gestaltung des Alltags, zum Beispiel die Städtegründungen und die Kulturentwicklung.

♍ Tobias – Paracelsus: Heilung, gesunde Arbeits- und Umwelt.

♌ Artus – Michelangelo: Macht über das ätherische Leben – Verwandlung in die Kunst, in das Schöpferische hinein. Auch sie opferten sich in die Grals-Strömung hinein.

♑ Abraham – Ptolemeus: Ordnung, Gesetz, Gehorsam – Erneuerung der Kirche als Aufgabe, Verchristlichung der dogmatischen Ausuferungen.

Zu bestimmten Zeiten wirken dann auch verstärkt bestimmte Strömungen, die aus den kosmologischen Zuordnungen gefunden werden können. Dies soll hier aber nicht mehr weiter ausgebaut werden.

Michael ist das Antlitz Christi, er schreitet ihm voraus, in dem er die menschliche Intelligenz wieder mit dem Kosmischen verbinden möchte. Das Denken soll spirituell, der einseitige Materialismus überwunden werden. In einem brüderlichen beziehungsweise geschwisterlichen Bemühen folgen wir ichhaft dem Erkennen der Impulse des Zeitgeistes Michael. Er führt schließlich zur Sophia, dem Geist der Wahrheit, der Erkenntnis und der Weisheit.

Wir dürfen auf diesem Weg durchaus Michael-Diener und Christus-Sucher werden. Den Christus im Innern finden, heißt eben erst einmal, ihn auch hereinzulassen. Christus-Sucher werden wir, in dem wir dem Schicksalsweg zustimmen, wenn wir uns dem Welten-Schicksal hingeben oder anders ausgedrückt, dem Herrn des Karma folgen. Der Christus lebt in unserem Schicksal und äußert sich im Gewissen.

Geistig wächst Europa durch Michael und letztlich durch Maria-Sophia zusammen, dem Heiligen Geist, der Gottesmutter oder Weiblichkeit Gottes. Sie bringt den Frieden in die Welt.

Michaels-Diener, also zuvorderst die Aristoteliker und Platoniker, sie sollen zur Weiblichkeit Gottes, zur Sophia hinstreben und hinführen.

Seelisch wächst Europa durch das Leiden und Läutern der Menschen auf dem Christusweg zusammen. Die Meister Jesus-, die Novalis- und die Manichäerströmungen zeigen verstärkt diesen Weg.

Die physische Gestaltung der gesellschaftlichen Ordnungen aus dem Geiste heraus obliegt heute allen spirituell-geistigen Strömungen, wobei der Rosenkreuzer immer wieder impulsieren wird. Die natürliche Schöpfung, die Welt des göttlichen Vaters will schließlich verwandelt und verchristlicht werden.

Liebet das Böse gut, das heißt, liebet alles. Im manichäischen Liebes-Impuls und den rosenkreuzerischen Idealen der Freiheit, Gleichheit und Brüderlichkeit kann ein Europa entstehen, in dem die Politik oder die Wirtschaft nicht mehr einseitig dominieren muss, sondern wo dann in analoger Entsprechung der Kopf, das freie Geistesleben, mit dem Herzen beziehungsweise mit der Politik und dem Bauch, also mit der Wirtschaft in gesunder Weise zusammenwirken kann.

Die Anthroposophie führt geistig zu einem michaelischen Europa. Im Manichäismus finden sich alle Strömungen wieder, wenn zu einem Erkennen das liebegetragene Wollen hinzukommt. Dies darf in praktischen und sozialen Gestaltungen realisiert werden. Die Zeit drängt.

Verstehen wir die Intentionen und Verschiedenheiten des Nächsten, so sind wir einen guten Schritt weitergekommen. Viele Standpunkte ergeben erst eine größere Sichtweise. Und dies will die hier dargelegte Gedankenreihe schließlich erreichen. Das Annehmen und Umsetzen solcher Impulse ist jedoch jedem in die eigene individuelle Freiheit gelegt.

Europa und der Gral

Zahlreiche spirituelle und religiöse Strömungen bilden die geistigen Wurzeln in der Geschichte Europas. Nicht nur das Kirchenchristentum prägte seinen Stempel in die Kultur Europas ein. Der Islam, das Judentum, das antike Griechen- und Römertum, sowie sogenannte Ketzerbewegungen beziehungsweise verschiedene Strömungen eines spirituellen Christentums waren ebenso beteiligt an der Kultur- und Geistesgeschichte in den Ländern und Völkern des heutigen Europa. Die Grals-Strömung tritt dabei in besonderer Weise hervor, da sie die spirituellen Grundlagen für ein christliches Europa schuf.

Daher will ich hier einige grundlegende, aber stark gekürzte Sichtweisen eines Grals-Christentum darstellen, so wie dieses mit Joseph von Arimathia begann, in späterer Zeit in verwandelter Form in der Geistesgeschichte immer wieder auftrat, zum Beispiel bei den Artus- und Gralsrittern im frühen Mittelalter, sowie später bei den Tempelrittern und anderen. In einem zukünftigen Europa wird diese Strömung in nochmals verwandelter Form jedoch immer wichtiger werden.

Natürlich gibt es auch die Feinde des Grals, die dagegen ankämpfen und versuchen, die geistigen und sozialen Impulse, die daraus hervorgehen wollen, zu zerstören. Das hat die Geschichte auch immer wieder bis ins Heftigste hinein gezeigt. Daher ist es gerade auch heute wieder notwendig, sich dieser Wurzeln bewusst zu werden. So gibt es in unserer Zeit teilweise auch neue und vertiefende Beiträge und Impulse, die das große und geheimnisvolle Thema des Gral weiter erhellen können. Die Literatur dafür ist mannigfach, im guten, wie im schlechten, verfälschenden Sinne.

Hier möchte ich nun in kurzer Form mit der Geschichte des Parzival beginnen, da darin Bilder enthalten sind, die zwar aus dem Mittelalter entstammen, die aber in unsere Zeit übertragen, durchaus eine Hilfe und Wegweisung aufzeigen können. Denn letztlich offenbaren sich darin unsere menschlichen Wunden und Versäumnisse, wie auch deren Heilungen.

Wolfram von Eschenbach (geboren 1170, gestorben 1220) und Chrestien de Troyes schrieben im 12. Jahrhundert unabhängig voneinander das Epos Parzival beziehungsweise den Perceval. Es ist die wohl schönste und neben den „Nibelungen" die berühmteste deutsche beziehungsweise französische Dichtung des Mittelalters, ein großartiges Kulturbild der Ritterzeit, von sehr hohem künstlerischen Wert.

Diese Geschichte trug sich im 9. Jahrhundert nach Christus zu und erst als in den folgenden Generationen sie zu vergessen drohte, wurde sie niedergeschrieben. Diverse andere Gralslegenden finden sich zudem auch in England, bei den Kelten und anderswo.

Es wird darin der Übergang gezeigt vom Menschen, wie er in der damaligen Kultur in seiner höchsten Blüte lebte – in der Ritterkunst – hin zum Menschen, der das volle Erdenschicksal zu tragen hatte, der „durch das Tal", also „mittenhindurch" gehen musste, um persönliche Reife und Würde erlangen, um also Träger des Grals werden zu können.

Ein Reigen prachtvoll gezeichneter Gestalten zieht am Leser vorüber: Gahmuret, der ritterliche Abenteurer und Vater Parzivals, der vielfache Abenteuer im fernen Orient zu bestehen hatte, die Maurenfürstin Belakane und dann die leidende Königin Herzeloyde, die Frau von Gahmuret, die Parzival nach dem Tod Gahmurets in der Abgeschiedenheit von der Welt großziehen wollte, damit Parzival ja nicht einmal dessen Tod im Kampfe teilen muss.

Parzival selbst, aus einem hohen Adelsgeschlecht entstammend, zieht trotzdem in die Welt, zuerst um Ritter in der Artusrunde zu werden. Als unschuldiger, reiner Tor zieht er hinaus, erwirbt sich Weisheit, Mut und die Ehre des Ritters und ist nach langem Lernen berufen, auf die Gralsburg zu kommen, die nur Auserwählte finden können. Doch er wird wieder ausgestoßen – seine bisherige Weisheit, sein Status und Können vermag es noch nicht, dem leidenden Gralskönig Amfortas zu helfen. Es fehlt ihm das Mitleid. Nur eine Frage hätte er zu stellen brauchen: „Was fehlt dir denn? Wie kann ich dir helfen?"

Nun beginnt die finstere Zeit für ihn. Lange Jahre streift er durch alle Länder, vergeblich nach der Gralsburg ausschauend. Viele Kämpfe und Leiden sind durchzustehen, doch unermüdlich folgt er seiner Bestimmung. Gawain, Parzivals treuer Freund, hat den Kampf mit dem dunklen Zauberer Klingsor zu bestehen und viele ereignisreiche Begegnungen geschehen, bis eines Tages der Ruf von Kundry, der Hexe beziehungsweise seinem eigenen Schatten erscheint, er möge zur Gralsburg reiten. Nun war er in seinem Herzen von Liebe und Mitleid erfüllt und konnte die Frage stellen, die Amfortas von seinem Leiden befreite.

Dieser war vom vergifteten Speer des Klingsor getroffen worden. Das Gift der

Leidenschaft brannte in seinem Herzen, dadurch hatte Klingsor Macht über ihn und der Gral konnte sich daraufhin nicht mehr enthüllen. Erst als ein Mensch auf der Erde war, der diese Leidenschaft in sich überwand, konnte Klingsor besiegt werden. Der Gral konnte sich von Neuem offenbaren und Parzival wurde Gralskönig.

Nicht was man aus Früherem, sei es aus Geschlecht, Bildung oder Titel mitbringt, öffnet das Tor zur himmlischen Weisheit, sondern das, was wir im Leben in Liebe tragen können.

Artus-Ritter waren Ritter des Schwertes mit hohen Idealen und Tugenden. Grals-Ritter sind Ritter des Wortes – nicht mit der Waffe kämpfend, sondern mit dem Bewusstsein für die tieferen Lebenszusammenhänge und Nöte der Mitmenschen. Darin erkennen wir das christliche Ideal: „Was du einem meiner geringsten Brüder getan hast, das hast du mir getan".

Das Parzival-Epos schildert in bildhafter Weise einen modernen Einweihungsweg für den heutigen Menschen und ist daher sehr aktuell. Und zuletzt begegnete Parzival auf der Gralsburg seiner Frau Kondwiramur wieder, die ihm seinen Sohn Lohengrin zeigen konnte. Wer das Hohe will, muss sich eben auch dem „Einfachen, Niederen" zuwenden können.

Soweit die Geschichte von Parzival. Sie zeigt einen Meilenstein in der Geschichte des Gral, ist aber nicht dessen Anfang und auch nicht dessen Ende. Über dieses weiträumige und geheimnisvolle Thema des Heiligen Gral sind, wie gesagt, schon viele Bücher und Geschichten geschrieben worden, so dass dieser Artikel hier nur wie ein aphoristischer Beitrag erscheinen kann.

Bei der Beschreibung der Grals-Geschichte werden wir mit den Mysterienströmungen der Menschheit konfrontiert. Diese spirituellen Bewegungen gaben und geben oftmals viele wichtige Impulse für unser irdisches Dasein und was heute in Schulen an Geschichte gelehrt wird, ist meist ein an der Oberfläche herumtasten oder auch ein Verschweigen und daher kein echtes Erkennen der wirklichen geschichtlichen Hintergründe.

Jedoch, diese spirituellen Strömungen wirkten geschichtlich gesehen auch meistens mehr im Hintergrund, da ihr öffentliches Wirken von kirchlichen oder staatlichen Machtinteressen mit aller Gewalt unterbunden wurde. Nicht aber in ferner, vergangener Zeit. Im sagenumwobenen Atlantis ist der Ursprung für vieles zu suchen, was sich bis heute hinein geistig fortsetzt. Auch noch ältere Kulturzeiträume spielen mit herein wie die lemurische Epoche, so dass Geschichte nicht in einem Aufzählen von Jahreszahlen begrenzt werden kann.

Die Gegenwart ist immer ein Knotenpunkt von Vergangenem und Zukünftigem. Im Zusammenwirken aller Kräfte, in der Verbundenheit und Erfahrung mit dem Gewesenen und der Offenheit und willentlichen Bereitschaft für Neues, das eine konsequente Evolution des menschlichen Bewusstseins darstellt, können wir erkennende und mündige Mitgestalter der Geschichte werden.

Um die europäischen Zeitverhältnisse in einem differenzierenden Licht betrachten zu können, bedarf es einer Erläuterung der vier hauptsächlichen Mysterien-Strömungen Europas, so wie dies Bernhard Lievegoed herausgearbeitet hat (siehe Literaturverzeichnis).

Wir beginnen mit dem **Strom des Nordens**, der seinen Ursprung in einer sehr alten Menschheitsstufe hat und vor allem von den Germanen aufgenommen und bekannt gemacht wurde und in der Edda mit seinen Göttergeschichten um Odin, Wotan, Thor, Freya, Walhalla, Widar und anderen beschrieben wurde. Diese „Urmenschen", so wie sie in der Edda beschrieben sind, hatten eine sehr hohe Geistigkeit, denn sie waren über lange Zeiten nicht so tief mit der Erde verwurzelt und lebten daher noch eher in einem paradiesischen Zustand, was das Seelenleben betraf. Diese nordischen Sonnen-Mysterien stammen ursprünglich noch aus einer Zeit vor dem Sündenfall. Das Göttergeschlecht der Wanen und Asen bewirkte den ersten Schritt zur Entwicklung einer Sprache und der Runenschrift, wie dies mythologisch in den Odin-Erzählungen bildhaft geschildert ist. Es wird darin der allmähliche Entwicklungsweg vom geistigen Dasein zum Ergreifen des Irdischen aufgezeigt.

Äußerlich hatte diese Geistesschulung bei den Germanen seinen Ausdruck darin, dass die Willens- und Mutkräfte der damals lebenden germanischen Menschen geschult wurden – als Voraussetzung für eine spätere Ich-Entwicklung. Die kosmische Weisheit wurde ihnen dagegen vorenthalten, auch wurde nicht so sehr auf eine seelische Läuterung Wert gelegt, jedoch auf die Fähigkeiten der Tapferkeit und des Starkmutes.

In den Externsteinen bei Paderborn finden wir noch Reste einer Mysterienstätte, wo damalige Menschen zur Einweihung unter anderem über eine 40 Meter hohe Steigleiterbrücke ohne Furcht hinübergehen mussten. Auch die waghalsigen Taten der Wikinger zeugen von dieser Kultur des Mutes und der Tapferkeit. Häuptling oder König wurde dann auch der mutigste und stärkste Kämpfer.

In den frühchristlichen Zeiten trennten sich von den Germanen die Goten und Alanen ab. Die Ostgoten vereinigten sich mit dem arianischen Christentum, die Westgoten in Frankreich und Spanien mit dem keltischen Strom. Die Germanen selbst, besonders die Sachsen, nahmen nicht wie selbstverständlich das Christentum auf. Sie waren eher eine „Wartekultur", um die erworbenen Mut- beziehungsweise Ich-Kräfte in späterer Zeit mit anderen Strömungen verbinden zu können. Spätestens seit dem Jahre 1879 ist dafür dann die Möglichkeit gegeben, nämlich durch das Eintreten Michaels als Zeitgeist, der von da an bestimmte spirituelle Strömungen so miteinander in Berührung kommen lassen will, dass diese sich gegenseitig befruchten und weiterbringen können. Diese Mutkräfte können heute nämlich sehr gut gebraucht werden, um den finsteren, Vernichtung wollenden Mächten, den Geistern des Bösen, dem Antichristen, ichhaft standhalten zu können. Es genügt eben nicht mehr nur, das Richtige zu wissen. Wir müssen das Gute tun!

Diesem Strom haben wir aber auch unser ökonomisches, manchmal auch sehr ich-bezogenes Leben zu verdanken. Die nordischen Mysterien sind zwar Sonnen-Mysterien, weil sie aus vorlemurischer Zeit entstammen, sie sind aber auch die Mysterien der Erde, da sie zukünftig bis zur geistgemäßen Gestaltung des Wirtschaftlichen gereichen sollen. Wenn wir Menschen unser Wirtschaftsleben brüderlich gestalten, können diese Mysterien erlösend und heilend wirken.

Der **Strom des Südens** beziehungsweise die Mysterien des Menschen sind dagegen hauptsächlich hierarchische Mysterien. Diese Mysterien stammen ursprünglich aus Lemurien und führten über das alte Ägypten, über das Hebräertum und über das alte Rom nach Mittel-Europa. Sie führten in den entsprechenden Perioden allmählich zur Entwicklung eines Rechtwesens bei den Römern und später zur europäisch-bürgerlichen und materialistischen Kultur. Es entwickelte sich die Jurisprudenz, das Rechtsleben der Bürger aus dem alten „Rechtsverhältnis des rechtsprechenden, strafenden Gottes".

Begriffe wie Sünde und Schuld verhüllen durch eine solche Abrechnungsidee jedoch den Entwicklungsgedanken, nämlich, dass wir aus dem Negativen, aus unseren Fehlern lernen können. Dieser Strom wurde hauptsächlich durch den Geist eines luziferischen Egoismus vereinnahmt. Das demokratische Gleichheitsprinzip bietet heute und in der Zukunft eine Möglichkeit, dem einseitigen Materialismus zu einer Wandlung, zu einer Auferstehung zu verhelfen.

Hermes, der Inaugurator Alt-Ägyptens, wusste noch um die Geheimnisse des physischen Leibes Bescheid. Der Leib galt als Tempel, worin der Geist seine Wohnung hat. Auseinandersetzung mit dem Leib heißt aber auch, Auseinandersetzung mit dem Tod. Die Osiris-Legende und die Mumienkultur zeugen davon. Auch das Alte Testament berichtet über die Geschichte des südlichen Mysterien-Stromes. Kain und Abel – darin enthalten ist eben auch ein juristisches Konzept.

In dieser Menschheitsströmung ereignete sich ursprünglich der sogenannte Sündenfall, das heißt, der Mensch verlor allmählich seine sonnenhafte Einwohnung in das „paradiesische Sein" und wurde folglich mondhaft, über Gruppenzusammenhänge und Vererbungsströme, von der Jahwe-Gottheit geführt. Es bildete sich dadurch eine Priesterkultur aus, die die kosmische Weisheit verwaltete, zum Beispiel in den hermetischen Schriften, im Bau des salomonischen Tempels, in den Pyramiden, in der Bundeslade und den entsprechenden spirituellen Schulen und Einweihungsstätten.

In der römischen Zeit gerieten diese Mysterien jedoch immer mehr in die Dekadenz hinein. Selbst das römische Christentum blieb bei den hierarchischen Prinzipien stehen und konnte sich nicht genügend metamorphosieren. Das finstere Mittelalter mit der Inquisition und den Ketzerverfolgungen wurde dadurch zu einer Realität – also immer noch der „strafende und richtende Gott" durch seine Priesterschaft.

Doch in diesen Strom fiel auch das Ereignis von Golgatha hinein, mitsamt der Möglichkeit, die Materie, den physischen Leib und damit auch die Erde zu verwandeln. Dieses Auferstehungsmysterium konnte sich im Mittelalter meist nur im Geheimen, zum Beispiel in der Rosenkreuzer-Strömung esoterisch weiterentwickeln. Die Alchimie, als Beispiel, beinhaltet die Verwandlung der Materie; sie schließt an die ägyptisch-hebräischen Mysterien an. Aber auch diese Strömung wurde von der Machtpolitik der Kirchen und der Nationalstaaten zerschlagen. Doch ein Schatten ist nur möglich durch das Licht, das den Schatten wirft. Mit dem Ende des Kali-Yuga, dem finsteren Zeitalter im Jahre 1899, verkörperten sich viele Individuen der verschiedenen Strömungen, um in der Anthroposophie den Grundstein für ein vereinigtes Mysterienwesen zu legen.

Das Mysterium der Auferstehung beinhaltet die Reinigung des physischen Leibes von der hineingepressten festen und schweren Materie. Dieser Sieg über den Tod, diese Freude, die absterbende Erde, die tote Materie und die leidende Kreatur durch Menschenhände, durch menschliche Arbeit umgestaltend erlösen zu können - in der Begeisterung für das göttliche Licht: das sind die wahren Aufgaben der Mysterien des Menschen. Sie beinhalten zuvorderst die Aufgabe, sich mit den Auferstehungskräften des Christus zu verbinden. Gerade das jüdische Volk hatte dabei die Aufgabe, das Ich des Menschen im physischen Leib frühzeitig, das heißt, vor allen anderen Völkern zum Erwachen zu bringen, um so den Erblichkeitsstrom zu schaffen, in dem sich Christus inkarnieren konnte. Die Christuswesenheit baut eben auf das freie Ich, das sich dem lebendigen Geist freiwillig hingeben kann.

So sehen wir im Nord- und Südstrom ein Ergreifen und Verwandeln der physischen Leiblichkeit. Im Norden durch das seelenvolle, starkmütige Handeln, im Süden im Verbinden mit der Weltenkraft der Auferstehung.

Der **Weststrom**, der keltische Mysterienstrom wirkt dagegen schon lange nicht mehr in der äußeren Kultur. Er hat sich in der Verbindung mit dem Oststrom geopfert. Der Geist des Keltentums ist jedoch zum Träger und Lenker eines esoterischen Christentums geworden. Hier ist die Sorge für den Anderen, die größer ist als die Sorge für das eigene Wohl, Wahrheit geworden. Dieser Strom führt die Seelen, die Christus suchen, dorthin, wo sie ihn finden können.

Die westlichen beziehungsweise die Hybernia-Mysterien haben die Wanderung von Atlantis nach Zentralasien nicht so weit mitgemacht wie der Oststrom. Diese westlichen Mysterien stammen ursprünglich aus den Sonnen-Orakeln der atlantischen Vor-Kulturen. Es zeigen sich diese in den Überbleibseln der Megalith-Kultur, dem „Volk der Steine". Die dunklen Räume, die Schatten der Dolmen führten die „Priester" in die geistigen Kräfte der Elemente und des geistigen Sonnenraumes hinein. Steinkreise, wie in Stonehenge, haben immer eine Beziehung zu den Jahreszeiten, zum Jahreslauf der Sonne, zu Licht und Schatten und damit waren sie auch nutzbringend für den Landbau.

Die Kelten kamen etwa 1000 vor Christus aus Persien über Böhmen in die westlichen Gebiete Europas mit Abspaltungen der Dorer nach Griechenland, der Latiner nach Italien und sind indogermanischen Ursprungs. Viele unserer Flussnamen wie Neckar, Rhein und andere sind keltischen Ursprungs. Die Kelten waren in Europa aber auch die ersten, die das Christentum aufnahmen. Alles in deren Lebensanschauung war auf der Dreiheit aufgebaut – es gab keinen absoluten Hell-Dunkel, Gut-Schlecht Kontrast. Immer wurde nach dem Verbindenden gesucht.

Äußerlich zeichneten sie sich durch eine besondere Wildheit in den Kämpfen aus. Innerlich war die göttliche Welt überall: in den Elementen von Wasser und Licht, in kalter Finsternis und in der Sonnenhitze. Die Druiden, die Priester und Richter waren, gaben Anweisungen für den Landbau und die Viehzucht. Sie sahen hellsichtig das Herannahen Christi vor seinem Erdenwirken und erlebten die Veränderung in der Ätherwelt, als Christus seinen Lebensgeist in diese Ätherwelt der Erde ausströmte. Christus war für sie der Herr, der König der Elemente – ein esoterisches, kosmisches Christentum entstand.

In Chartres stand zum Beispiel ein keltischer Altar mit einer Holzfigur aus vorchristlicher Zeit, die eine Jungfrau mit einem Kind darstellte. Das keltische Volk lebte in höchster Erwartung. Frömmigkeit auf der einen Seite, Wildheit der Krieger auf der anderen Seite und als Verbindendes die Barden, die Musiker und Ärzte waren. Heute können wir noch von der Kraft der keltischen Harfenmelodien erfahren, die die Aufgabe hatten, diese Wildheit zu zähmen. Man fühlt sich dabei in eine Elementarwelt versetzt.

Die Kelten waren also vorbereitet für das Ereignis in Palästina und so wurde nicht viel Aufhebens gemacht, es bildeten sich in nachchristlicher Zeit viele christliche Kommunen und Klöster, die nicht wie die römischen einer hierarchischen Kirche unterstellt waren. Irgendwo ging jemand in die stille

Natur und sobald er im Ruf der Heiligkeit stand, scharten sich Jünger um ihn. Diese iro-schottischen Mönche waren daher direkte Nachfolger der Druiden. Der bekannteste dürfte Columban gewesen sein, aber auch ein Kilian und ein Gallus wirkten bis nach Mittel-Europa hinein, wo sie zahlreiche Klöster und Gemeinschaften gründeten. Solche aus dem Heiligen Geist entstandenen Gemeinschaften waren und sind ein Keim für wahre Brüderlichkeit, wo das Wohl des Anderen wichtiger ist, als das eigene Wohlergehen. Solche Brüderlichkeit ersteht erst richtig aus einem lebendigen Geist heraus.

Auch das Kriegertum der Kelten veränderte sich in den christlichen Zeiten. Es entstand im Bild des König Artus mit der Tafelrunde ein Neues: Artus, die Sonne in der Zwölfheit des Tierkreises. Artus-Ritter waren Ritter des Schwertes, um Unrecht und Wildheit zu bekämpfen. Die „Jungfrau", die reine menschliche Seele musste vom drohenden Drachen befreit werden. Die Burgen Camelot und Tintagel waren Orte, an denen sich die Verwandlung der keltischen Kriegerschaft vollzog. Parzival, ein Artusritter sollte nach langen Prüfungen ein „Ritter des Wortes" werden, als Gralsritter und -könig, in dem er den westlichen, keltischen Mysterien-Strom, der die Lebenskräfte in der Natur beherrschen und lenken konnte, mit den Weisheitskräften aus dem östlichen Mysterien-Strom verband. Das Symbol dafür ist der Gral. Dies geschah im Jahre 869 n. Chr.

Um das Jahr 600 n. Chr. schickte der Papst aus Rom erste römisch-katholische Mönche nach England. Im Jahre 1200 n. Chr. war das irische Christentum verschwunden, durch das harte Durchgreifen der katholischen Missionare, aber auch durch die Einfälle der Normannen.

Der vierte Mysterien-Strom ist der des **Ostens** oder der Weisheit, auch als die Mysterien des Lichtes bekannt. Sie führten von Indien über Persien und Griechenland nach Europa. Es sind wiederum hierarchische Mysterien. Sie führten später im sozialen Leben Europas zum Feudalismus und zur Lüge der modernen Wissenschaft, insoweit sie nicht vom Gral verchristlicht wurden. Dieser Weisheitsstrom des Ostens wurde vom ahrimanischen Geist der Verhärtung und Begrenzung, zum Beispiel in der Akademie von Gondishapur für seine Ziele missbraucht.

Im alten Indien, Persien und Griechenland waltete für das soziale Leben der Menschen noch eine kosmisch-geistige Weisheit. Diese war den Menschen meist noch durch Hellsichtigkeit zugänglich. Im Laufe der Jahrhunderte verstrickten sich die Menschen mehr und mehr in das Irdische, das alte Hellsehen und damit die kosmische Weisheit, sie erlosch. Die kosmische Weisheit verjüngt und erhält aber auch das natürliche Leben.

Der Gral, symbolisch auch als Kelch, Schale und Altar dargestellt, ist beziehungsweise beinhaltet wiederum diese Verjüngungskraft im und durch das Blut Christi. Es ist darin enthalten der Kelch, der aufnimmt das neue Leben beim letzten Abendmahl. „Dies ist mein Blut". Danach kommt dieser Kelch zu Josef von Arimathia, der darin das Blut aus der Wunde des Gekreuzigten auffängt.

Eine Legende erzählt, dass dieser Kelch durch Joseph von Arimathia, der in England ein Handelshaus auf der Insel Avalon besaß, dort hin kam. Der Gral ist aber nur denen sichtbar, die durch ein reines Leben imstande waren, ihn wahrzunehmen. Er enthält die Kräfte der Auferstehung.

In neuerer Forschung wurde bekannt, dass Joseph von Arimathia das aufgefangene Blut des Christus an bestimmten Orten im Westen Europas in die Erde einfließen ließ. Dadurch wurde Europa selbst zur Schale für den Gral, zum Gralsgebiet.

Ein anderes Bild erzählt: Der Gral war ein Stein aus der Krone Luzifers. Beim Streit im Himmel schlug Michael mit seinem Schwerte diesen Stein aus der Krone und fiel so auf die Erde hinab. Dort gelangte er über König Salomo und Hieram zu Joseph von Arimathia. Rudolf Steiner deutete an, dass der Stein ein Engelwesen war, das der Sonnensphäre treu blieb und das Opfer brachte, mit den luziferischen Engeln zur Erde hinabzusteigen, um diejenigen zu inspirieren, die in der Lage waren, das kosmische Christus-Ereignis zu ergründen. Der Gral war daher nur für christliche Eingeweihte sichtbar. Er wirkt nur da, wo der Mensch aus reinen Herzenskräften Begeisterung und Liebe für die höhere Welt empfinden kann.

Der Gral, das von Leidenschaften durch das Christus-Ich gereinigte Blut, das rosenfarbene Blut im Kelche, wurde von Joseph von Arimathia physisch in die Erde, von dem Christus seelisch-geistig in die Herzen der Menschen von Ost nach West getragen. Heute soll der Weg vom Westen wiederum nach dem Osten gehen, zu den slawischen Völkern Europas.

Durch das Gralsblut entsteht im strebenden Menschen, in seinem Inneren ein Lebensstrom vom Herzen zur Epiphyse und von da aus das Gehirn durchstrahlend, um überhaupt spirituelle Gedanken denken und erleben zu können. Das goldene Licht, welches das Haupt der christlichen Eingeweihten und Heiligen umstrahlt, wurde hellseherisch als Goldglanz um das Haupt wahrgenommen, wenn sich der natürliche Lebensstrom mit den Christuskräften verbinden konnte. Dies ist der sogenannte Heiligenschein.

Doch erst im 12. Jahrhundert wurde die Parzival-Geschichte niedergeschrieben, in einer Zeit, als noch sehr viel Geistiges die Welt durchwebte, zum Beispiel in der Troubadourkunst, bei den Katharern und Templern. Doch die Inquisition ließ nicht lange auf sich warten. Vorläufer des heutigen Materialismus und der

Technik wie ein Roger Bacon, wie auch geldgierige und machtgierige Päpste und Könige, machten dieser Zeit ein baldiges Ende. Die Schriften Wolfram von Eschenbachs und Chrestien de Troyes über Parzival, einem der größten Eingeweihten und Menschheitsführer, waren übrig geblieben.

Durch Rudolf Steiner und seine Anthroposophie konnte der Menschheit im 20. Jahrhundert wiederum eine Wissenschaft vom Gral, das heißt, eine Wissenschaft der kosmischen Weisheit überbracht werden. Die Anthroposophie ist eine moderne Gralswissenschaft für das Bewusstsein der heutigen Menschheit. Dadurch konnte überhaupt erst der Boden bereitet werden für eine Verbindung aller Mysterienströmungen, als die neuen Mysterien, wie sie in der Weihnachtstagung 1923/24 von Rudolf Steiner im „Grundstein-Spruch" in einer kultusartigen Handlung inauguriert wurden. Aus dieser Grundsteinlegung sei nachfolgend zum Abschluss der letzte Teil als ein Zukunftsimpuls zitiert.

Wie weit dieser mittel-europäische Grals-Impuls die Herzen der Menschen befeuern und bewegen konnte, ist ziemlich umstritten. Doch der Impuls ist da, der Grundstein wurde gelegt. Ihn dürfen wir aufnehmen und in die Zukunft weiterführen. Darauf kommt es letztlich an.

„In der Zeitenwende trat das Welten-Geistes-Licht
in den irdischen Wesensstrom;
Nachtdunkel hatte ausgewaltet;
taghelles Licht erstrahlte in Menschenseelen;
Licht, das erwärmet die armen Hirtenherzen;
Lichte, das erleuchtet die weisen Königshäupter –
Göttliches Licht, Christus Sonne,
erwärme unsere Herzen,
erleuchte unsere Häupter,
dass gut werde, was wir aus Herzen gründen,
was wir aus Häuptern zielvoll führen wollen."

Ein Nachwort

Was können die vorigen Bilder und Gedanken aus der Gralsgeschichte für ein Europa von heute noch bedeuten? Sie scheinen doch etwas entrückt in eine ferne, vergangene oder zukünftige Zeit, die mit der unseren recht wenig mehr zu tun hat, so könnte man recht leicht einwenden.

In einer Zeit des Intellektualismus und des Materialismus ist es aber gerade wichtig, so denke ich, noch andere Dimension mit einzubeziehen, denn in diesem doch sehr einseitigen, verengenden, materialistischen Geist wird es Europa nicht wirklich schaffen, ein gesundes Vorbild für viele Länder der Erde werden zu können, die mit einem hoffnungsvollen Blick auf unsere Ziele und Erfolge hinschauen.

Die Geschichte des Parzival weist eben auch hin auf den inneren Kampf mit den Abgrundkräften, die Europa auch heute noch zu bestehen hat. Und so kann es in manch entscheidenden Situationen und Zeiten immer auch wieder von Vorteil sein, sich den geistigen Wurzeln bewusstseinsmäßig anzunähern.

In dieser Schrift wurde jedoch weniger Wert gelegt auf aktuelle Ereignisse und Probleme, da diese sich in unserer Zeit doch ziemlich schnell verändern und recht bald wieder in Vergessenheit geraten, auch weil die nächsten Konflikte und Aufgaben unsere gesamte Aufmerksamkeit verlangen. Doch, so meine ich, dass mit den hier ausgeführten Gedanken eine Grundlage geschaffen wurde, um den mannigfaltigen Herausforderungen eine erkenntnisreiche und bewusstseinserhellende Herangehensweise anbieten zu können.

Gehen wir zurück zu den Anfangsimpulsen, zum spirituellen Quell eines geistigen Stromes, also auch zur Ursprungsidee eines Vereinigten Europas, so werden uns von dort auch immer wieder Impulse und Inspirationen zukommen, mit denen wir die Nöte der Zeit wiederum besser bewältigen können. Und sei es nur, sich dessen bewusst zu werden, dass durch eine Vereinigung der Nationalstaaten, die sich noch vor nicht allzu langer Zeit gegenseitig bekriegten, dieser Nationalismus aufgebrochen wird, hin zu einem menschenverbindenden Humanismus, der die Kleinstaaterei überwinden und erweitern kann. Da kann Europa als gutes Beispiel für die ganze Welt vorangehen.

Wir sind dabei niemals allein, auch wenn heute wieder starke Kräfte in Richtung Nationalismus einwirken. Man meint, damit die Probleme, zum Beispiel des Euro leichter bewältigen zu können. Nationalismus schafft Abgrenzung, schafft manchmal auch Feindschaft, doch niemals echten Frieden. Der gute Geist des Menschlichen, der Menschheitsgeist, er ist da. Geistige Hilfen stehen uns immer bei, wenn wir uns für sie öffnen wollen, wenn wir bereit sind, uns auch ändern und wandeln zu wollen – hin zu mehr Offenheit, hin zu mehr

Menschlichkeit.

So möchte ich zum Abschluss noch an einen hohen Geist erinnern, der manchmal auch als Kind oder Genius Europas bezeichnet wird, an Kaspar Hauser.

Man weiß ja heute, dass er im Auftrag von gewissen Logenbrüdern ermordet wurde, um seine hohe Mission vereiteln zu können. Ich denke aber nicht, dass Kaspar Hauser quasi zum Regenten eines „Vor-Europa" auserkoren war, der dann quasi von Oben herab ein vereinigtes Europa aufbauen sollte.

Der Bau eines Europa von „Oben", also durch eine aristokratische oder politische Elite, wird scheitern müssen. Europa muss aus der Mitte, aus den Herzen der Menschen heranwachsen können, dann wird es gut.

Doch für was steht Kaspar Hauser dann wirklich, wenn er nicht nur als Thronfolger eines Adelsgeschlechts gehandelt wird?

So wie er geschichtlich erschien, in seinem kindlich einfachen, reinen und klaren Gemüt, ist er ein Synonym für eine Seelenhaltung, die uns Vorbild und Wegweiser sein kann für die Kräfte, die am Besten etwas Wachsen und Gedeihen lassen können.

Bauen kann man Gebäude, Brücken und Institutionen, nicht aber Gesellschaften und Gemeinschaften. Europa muss wachsen können, wie ein Keimling, der viel Pflege bedarf, um einmal groß und stark werden zu können. Diese Keimlinge sind die individuelle Freiheit, die demokratische Rechtsordnung und das solidarische Wirtschaften. Joseph Beuys fasste diese Impulse in folgenden Worten zusammen:

„Die Revolution kommt nicht von links und nicht von rechts, sondern aus der Mitte. Zur Evolution kommt die vom Menschen hinzugeführte Kraft der Kreativität und erweitert zur Revolution in einem freien, demokratischen Sozialismus".

Nur sollten wir auch da wieder den „Ismus" weglassen. Eine soziale und solidarische Einstellung genügt, also eine freiheitliche, demokratische und soziale Gesellschafts-Ordnung. Revolution bedeutet hier auch keine Revolte der Straße, sondern zuvorderst eine Revolution des Bewusstseins. Ändert sich dieses hin zu mehr Menschlichkeit, zu den Idealen der Freiheit, Gleichheit und Brüderlichkeit, in den Bereichen des Geisteslebens, des Rechtslebens und der Wirtschaft, so wird sich die Gesellschaft als Ganzes ändern können – langsam und stetig wachsend.

Leider wird meistens immer noch zu stark versucht, an einem zukünftigen Europa zu bauen, gleich einem Haus oder Turm, der mit Verträgen und politischen Konstrukten zusammen gezimmert werden soll. Ob dabei alle Menschen mitgehen können oder nur bestimmte Interessensgruppen ist hierbei die entscheidende Frage, die über Wohl und Wehe bestimmen wird.

Aber auch Wachstumsvorgänge geschehen nicht immer in geschützten, vorgefassten Zeiträumen. Und so zeigt die Geschichte auch immer wieder Umbrüche, Stürme und Krisen, die von vielen Menschen Opfer und Leid verlangen.

Das Bild der anmutigen Europa am Meeresstrand kann uns auch hierbei ein Hinweis sein, mit welcher Haltung wir auftreten sollen, um dem Zeus, um den wohlwollenden Göttern gefallen zu können. Andererseits müssen wir aber auch die Stierkräfte durchschauen lernen, das Wilde, Ungestüme und Abgründige beherrschen, nicht mit Gewalt, sondern mit Anmut und einem künstlerischen Sinn, sonst überrennen sie uns. So wie dies vielen Opfern und Märtyrern in der Geistesgeschichte geschah, zum Beispiel in der Inquisition und anderswo durch die Gier nach Gold durch Kirche und Staat und dies bis in unsere Tage hinein - bei Bankern, Aktionären, Managern und gierigen Menschen, die nicht bedenken, dass die Gier keine Grenzen kennt, dass sie also nie satt machen kann, denn sie will immer mehr.

Ich erinnere hier an Menschen wie Mahatma Gandhi, Martin Luther King, John F. Kennedy und die vielen Unbekannten in den Weltkriegen, im Dritten Reich und anderswo, die für Gerechtigkeit und Menschlichkeit ihr Leben lassen mussten.

Abschließend möchte ich deshalb noch den Anfangsimpuls der ganzen spirituellen Bewegung anrufen, der den Grals-Impuls in Europa verbreitete, von Joseph von Arimathia angefangen über die vielen Geistesträger in den verschiedensten Strömen und Zeiten bis in unsere Tage hinein. Dabei ist vor allem an die vielen Märtyrer zu denken, die im Namen der Liebe für die Gerechtigkeit ihr irdisches Leben lassen mussten, als vor allem im 12. und 13. Jahrhundert zehntausende von Katharern, Templern, Albigensern, Kräuterfrauen und Heilerinnen und andere christlich-häretische Strömungen von den dämonisierten Machtvorstellungen der Kirche in der Inquisition verfolgt und systematisch ausgerottet wurden.

Doch das geistige Sonnenlicht hat durch Christus den Tod überwunden und so werden sich immer wieder und wieder Menschen erheben, für die Liebe zeugend und eintretend und so langsam wiederkehrend die Menschheit zum Heile führen.

Mit einem Gedicht von Otto Rahn möchte ich dies hier Gesagte und Dargestellte zusammenfassen und beschließen. Mögen doch manche Gedanken dieser Schrift einige Herzen berühren und zu einer klarer Erkenntnis der spirituellen Bestrebungen und zu einem tiefen Verstehen der gesellschaftlichen Zusammenhänge in der ganzen Welt beziehungsweise für ein fried- und lebensvolles, sowie für ein humanes und gerechtes Europa beitragen.

„Unter den wild überwachsenen Trümmern der heiligen Burg,
wenn der Schritt des Wanderers darübergeht,
noch immer die Harfen der Sänger zitternd aus der Tiefe tönen,
sternenweiter Wärme und der Tränen voll,
kündend von der unendlichen Melancholie und Sehnsucht der Götter:
deren Name verweht, deren Tempel zerstört, deren Volk hier in der Runde
erschlagen und vergessen liegt, harrend.
Des Tags, da ihr Tönen den Befreier, den Unbesiegbaren,
den Tod- und Hassbezwinger weckt.
Der die Erschlagenen ruft zur Wiederkehr, auf dass sie abermals wandeln.
In goldenen Gewändern auf grünendem Feld, singend, gesittet und gerecht.
Der Liebe und der lachenden Güte voll.
Werke schaffend, herrlicher und gewaltiger als je zuvor.
Und über ihnen wieder königlich kreisend der Adler."

Anhang

Für Menschen, die noch nicht mit den okkulten Begriffen der Widersachermächte vertraut sind, sei hier deshalb eine kurze Darstellung ihrer Wirkungsweise angeführt. Diese ist bei weitem nicht vollständig und kann nur eine erste Einführung sein.

Luziferische Wesen: Luzifer, der Lichtbringer, ist ein gefallenes, hohes Götterwesen, das sehr viel Licht und Weisheit besitzt, aber ohne seelische Wärme und Liebe. Er liebt den Schein, das eigene hohe Götterbild über alles und verführt den Menschen eben zu diesem Hohen, Edlen und Eigensüchtigen, das die harte Arbeits- und Lebenswelt der Erde, die Verantwortung für die Erde und das Wohl der Schöpfung meidet.

Luziferische Wesen wollen bewirken, dass sich der Mensch in illusionären Scheinwelten verliert, sei es in der Vergangenheit, in Schwelgereien oder phantastischen Träumen. Sie wollen, dass der Mensch seine irdische Lebensaufgabe vergisst. Die Erdentwicklung, die mit Mühen und Gebrechen verbunden ist, sie soll nicht angenommen werden. Allein das himmlisch Hohe und Hehre soll zählen. Sie greifen im Seelischen vor allem über das Fühlen, über das emotionale Leben an.

Luzifer ist das Gegenbild zum Christus, der die Liebe selbst ist – die selbstlose, uneigennützige und göttlich-geistige Liebe, die sich immer nur verschenken will.

Ahrimanische Wesen: Ahriman ist ein alt-persischer Begriff für den Geist der Finsternis. Er war damals der Gegenspieler des Sonnen-Gottes Ahuro Mazdao.

In der Schöpfung sind ahrimanische Wesenheiten für die Verdichtung und Verfestigung der Materie verantwortlich. Da haben sie ihre eigentliche Aufgabe.

Jedoch werden sie durch eine einseitige, intellektuelle, mechanistische und abstrakte Denkweise und eine lebensverneinende Technik aus der gottgewollten Schöpfung herausgelöst und beginnen ein Eigenleben. Somit wirken sie in der menschlichen Seele verhärtend und sklerotisierend, aber auch im nachtodlichen Bereich, im Hades, vereinnahmend auf die leiblich-seelische Entwicklung des Menschen.

Ahrimanische Wesen wollen den Menschen ans nur Irdische, Materielle, Meß-, Zähl- und Wiegbare binden. Eine göttlich-geistige Welt soll es darin gar nicht geben.

Ahrimanisch tangiertes Denken ist künstlich, abstrakt, mechanisch und kalt.

Seelenregungen, geschweige denn eine liebende Zuwendung sind diesen Wesen fremd.

Ahriman ist quasi das Gegenbild zum Heiligen Geist, dem Geist der Wahrheit und der Erkenntnis. Er ist der Geist der Lüge, der Verhärtung und der Angst, der den Menschen klein und niedrig halten will.

Asuras: Diese Wesen greifen vor allem in den Willen ein. Sie werden in der Schöpfung durch Zerstörung der Materie, zum Beispiel in der Radioaktivität frei. Ihr Wesen ist Hass, Zerstörung, Gewalt und Macht. Sie machen die Seelen von sich besessen und saugen sie dann quasi aus. Sie sind das Gegenbild echten Lebens, das vom göttlichen Vater stammt. Wie Blutsauger ziehen sie Lebenskräfte, zum Beispiel in Kriegen von Verwundeten, durch schwarze Magie und ähnlichem von ihren Opfern ab.

Von ihnen ist es sehr schwer wieder loszukommen, wenn man sich seelisch einmal auf sie eingelassen hat. Sie bringen Streit, Verleumdung und Krieg in zwischenmenschliche, soziale und völkische Beziehungen hinein. Oftmals hilft dann nur noch ein beharrliches Ringen vieler Beteiligter und Helfer, um mit diesen Gewalten fertig werden zu können.

Sorat: Der Sonnendämon ist der oberste Herrscher dieser dunklen Gewalten. Er steht außerhalb der Schöpfung, quasi als dunkler Schatten des göttlichen Vaters, des Weltengrundes. Er repräsentiert den vollkommenen Nihilismus, er will die gesamte Schöpfung negieren. Er kämpft gegen alles Gute. In ihm sehen wir das urgründig Böse, den Antichristen, die 666.

Er steht als letzte Prüfung vor der 7, der Zahl der zeitlichen Vollendung und prüft den Menschen letztlich in seinem freien Willen. Der Wille Gottes oder das seelische Verderben ist die Wahl, vor der jede Seele einmal gestellt sein wird.

Alle Wesenheiten der linken Hierarchien korrumpieren das Menschen-Ich, indem sie entweder zur Ehrsucht, zur Habsucht oder zur Machtsucht anstacheln und verleiten wollen.

Christus: Die Christuswesenheit begleitet die Menschheit seit dem Urbeginn. Durch seine Opfertaten in früheren Erdepochen sind wir überhaupt zu dem geworden, was wir sind – ein freiheitsfähiges, liebevolles und mündiges Ich-Wesen, das noch einen weiten Entwicklungsweg vor sich hat, um ihn als den Menschheitsrepräsentanten erkennen zu können, der er nun einmal ist.

Christus schafft den Ausgleich und die Mitte zwischen Ahriman und Luzifer und auch Sorat ist gegen ihn machtlos, denn die Liebe vermag es, alle Wunden,

Brüche und Schandtaten heilen, verzeihen und erlösen zu können.

Christus ist der Garant für die menschliche Freiheit, Liebe und Güte, die uns wachsen lassen in unserem menschlichen Sein. Er vergibt und führt uns im Leben so, dass wir auch anderen verzeihen können und dass wir bereit werden, unsere Verfehlungen einzusehen, damit wir daran wachsen und sie wieder gut machen können.

Das alte Karmawirken von Ursache und Wirkung beziehungsweise auch vom „Aug um Auge, Zahn um Zahn" wird durch Christus allmählich verwandelt zum Verzeihen, Vergeben und Wiedergutmachen. Dadurch wird Heilung und Erlösung erst möglich.

Christus ist das Urbild des Menschenwesens. Der auferstandene, der kosmische und der göttliche Christus hat den Menschen Jesus verklärt und erhöht zu einem physisch-geistigen Gottes-Wesen, in dem Leib, Seele und Geist eine lebendige Einheit bilden. Ecce homo – siehe der Mensch. In Christus finden wir unseren Weg, unser Urbild und unser Ziel. Er ist Mensch und Gott, daher können wir durch ihn unser Menschsein mit Göttlichem durchdringen, erweitern und erhöhen.

Literaturverzeichnis

Rudolf Steiner: Die Kernpunkte der sozialen Frage
      - Christus und die geistige Welt. Von der Suche nach dem Heiligen Gral
           - Zeitgeschichtliche Betrachtungen
Joseph Beuys: Soziale Plastik
Trevor Ravenscroft: Der Speer des Schicksals
Hans Georg Schweppenhäuser: Das kranke Geld
Anton Kimpfler: Vom Umgang mit der Macht des Geldes
Omraam Mikhael Aivanhov: Die geistige Galvanoplastik und die Zukunft der
                Menschheit
Harrie Salman: Die Heilung Europas
Karl Heise: Okkultes Logentum
Renate Riemeck: Mittel-Europa – Bilanz eines Jahrhunderts
Werner Kuhfuss: Dramatik im Leben
Barbara Nordmeyer: Mitten hindurch
Bernhard Lievegoed: Mysterienströmungen in Europa und die neuen Mysterien
Auguste Lechner: Parzival
Gerhard von den Borne: Der Gral in Europa
Robert de Boran: Die Geschichte des Heiligen Gral
Otto Hahn: Krieg gegen den Gral
Judith von Halle: Die Templer

Vom Verfasser der vorliegenden Schrift sind noch weitere Schriften erschienen.
Hier eine Auswahl:
- Auf dem Weg zum Gral
- Zeitfragen im Lichte der hermetischen Philosophie
- Religion, Kunst und Spiritualität
- Wege zum Heil
- Aufbruch zur Dimension der Tiefe
- Auf dem Weg zu Gott

Bei weiterem Interesse wenden Sie sich bitte an:
www. perceval-institut.de   oder
fama-freiburg@t-online.de

Gerne stehe ich für einen Meinungsaustausch, für Fragen oder Bestellungen zur
Verfügung.

Franz Weber im Frühjahr 2014